THE BUSINESS START-UPS REVOLUTION

起業革命

「スタートアップ」のプロが伝授する事業創出のノウハウ

田口 弘 監修
(株)エムアウト 事業開発グループ 著

東洋経済新報社

はじめに

今、日本経済を牽引《けんいん》してきた産業の多くが苦境に立たされ、また高度経済成長を支えてきた多くの企業が業績低迷に悩んでいるのはなぜなのでしょうか。

私たちはその理由を、ビジネスを取り巻く環境が大きく変わったことに起因していると考えています。戦後、日本の高度経済成長を牽引してきたのは製造業でした。当時はモノ不足が深刻で、モノを供給することこそが最重要課題でしたから、「大量に作って売る」というビジネスモデルが市場を席捲《せっけん》したのは当然のことでした。企業主導で大量生産の仕組みを確立し、スケールメリットを活かして製造コストを低減、同一規格のモノを大量かつ価格を下げて供給することは、マーケットに確かな価値を提供することそのものだったのです。

では、昨今の日本はどうでしょうか。

モノがあり余り、もはや「大量に作って売る」というビジネスモデルでは需要を右肩上がりに増やしていくことは困難です。そればかりか情報化社会の波を受け、需要の主役はモノから情報や知識、サービスといった目に見えないものへと移行しています。一つのモノ・サービスが陳腐化するスピードは年々加速度を増し、次々に新たなモノ・サービスを創造し続けない限り収益を上げることが難しくなっています。

マーケットの構造が大きく変わり、かつての成功体験が通用しなくなっている今、これまでとは違った発想が求められています。企業が新しい需要を創造し続け、日本経済に再び活気を呼び戻すためには、いったい何が必要なのでしょうか？

その鍵は事業コンセプトとビジネスモデルにあると私たちは考えています。そして事業コンセプトとビジネスモデルを創造する上で欠かせないキーワードが、消費者の視点からモノやサービスを生み出していくこと、すなわち我々がこれからご紹介していく「マーケットアウト」という理念であり、日本人の志向にマッチしたまったく新しいスタートアップ・スキーム「スタートアップファクトリー」であると確信しています。

本書では、次世代の事業創出には欠かせないマーケットアウトという発想について紹介するとともに、この発想を持った新興企業とその躍進の秘密、そして日本人にアジャストしたスタートアップの方法を紹介します。読者は、躍進企業の多くがマーケットアウトという言葉こそ使ってはいないものの、マーケットアウト・ビジネスそのものであることに気づかれることでしょう。またスタートアップファクトリーという新しい事業の立ち上げのあり方に共感し、あるいは「このような方法があったのか」とご自身のビジネスの参考にしていただけるかもしれません。

これまで年間数百件もの事業プランを精査し、事業化していく過程での成功体験や失敗体験をもとに生まれたノウハウの数々が、これから新たに事業を起こそうとしている皆様の一助となり、ひいては東日本大震災後の日本の復興と躍進に役立つことを心から願っています。

最後になりましたが、本書刊行に際し快く取材に応じてくださり、貴重なお話をいただいたアニコムホールディングス株式会社社長の小森伸昭様、ライフネット生命保険株式会社社長の出口治明様、ケアプロ株式会社社長の川添高志様、株式会社一休社長の森正文様、株式会社ベネフィット・ワン社長の白石徳生様に、この場を借りて心より御礼申し上げます。

2011年6月

株式会社 エムアウト 事業開発グループ

代表 中島宏史

目次

第2章　日本経済が再生しない本当の理由　31

第5章　いまこそ起業革命を！「スタートアップファクトリー」という考え方　103

第6章　しがらみのない個人・中小企業ほどベンチャーでは成功できる　119

装丁◆冨澤　崇（イーブランチ）
構成◆千羽ひとみ

第1章

日本経済の目を覆う惨状
～活況の各国と元気のない日本～

不況はいつまで続くのか？「失われた30年」へのぼんやりとした不安

テレビをつければ経済アナリストが暗い顔をして日本経済の先行きを解説し、新聞を見れば大学新卒者の就職率が僅か77・4％（2011年2月1日現在）との見出しが目に入ります。各種機関が発表する産業天気予報や景況感予測も、雨や曇りのマークばかりといった状況が続き、日本経済は右を向いても左を向いても悲観的な報道で覆われた状況で、「失われた10年（The Lost Decade）」どころか、いよいよ「失われた30年」に突入したとさえ言われ始めています。日本経済全体を覆うこの閉塞感はいったいいつまで続くのでしょうか。

日本のGDPの減少率を主要先進国の中で最大にした2008年のリーマンショックから3年、様々な指標が「リーマンショック前の水準」に戻ったということを指し示しており、日本経済は徐々に立ち直り始めているようにも感じられます。その一方で、円高の影響もあってか株価の回復は遅れ、先行きの不透明感も一向に払拭されず、長期のデフレからまだ抜け出せずにもがき苦しんでいるようにも思えます。

こうした回復基調にありながらも一向にそれを実感できない原因、このすっきりしない閉塞感の原因は、日本経済が根本的に抱えている問題にあるとされています。

赤字国債発行とそれによる財政破綻、年金を始めとする社会保障問題や人口減少による内需縮小など、日本が抱えている問題は根深いものが多く深刻です。解決策の糸口は一向に見えず、現状維持するだけでも精一杯な状況です。先に挙げた経済アナリストの発言や各種機関の報道がすべて正しく日本経済の実態を表しているかどうかはさておいて、このようなニュースばかりでは、これからの日本経済に希望を持つことは難しいでしょう。

さらに、改革を期待されていた民主党政権は混迷を極め、抜本的な経済政策を期待された政府も、リーダー不在のまま迷走を繰り返すばかりです。このまま政局の混乱が続くようでは、日本の政治に対する不信感は増長するばかりです。

もちろん政府も経済成長を促す新戦略を掲げ、懸命に景気刺激策を打ち出そうとしていますが、しがらみにとらわれた２０１１年度の予算案からは、成長への政策が小粒であり、抜本的な経済浮揚策とは決して読み取ることができません。さらに今後は東日本大震災の影響もあり、現在の予算編成を抜本的に見直し、直近の復興を最優先で進めながら、同時にマクロ的、長期的な視点での経済政策を進めなければならず、大変困難なかじ取りを強いられています。

それにもかかわらず、現政権の膠着《こうちゃく》状態に対して、悲観的な沈滞ムードや諦めの感情が、我々日本国民の間にすっかり定着してしまった印象です。

図表1-1　名目GDPの推移

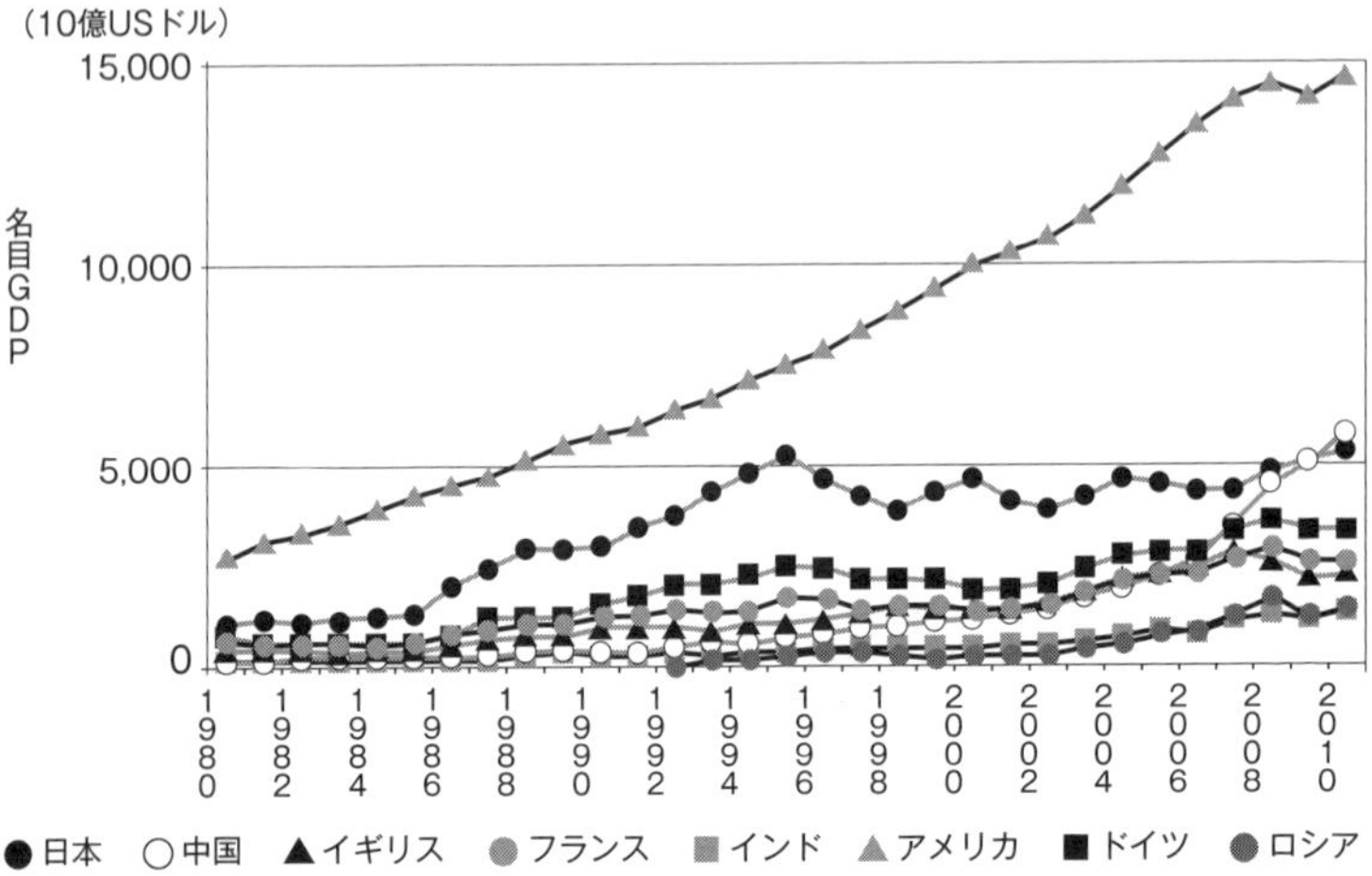

出所：IMF - World Economic Outlook（2011年4月）

薄まるばかりの日本経済の存在感

　こうした経済の低迷は、日本のプレゼンスそのものにも大きな影響を与えています。

　長らくアメリカに次いで世界2位だった日本のGDPの世界ランキングは、2011年2月に中国に抜かれてとうとう世界第3位に順位を落としました。

　IMF（国際通貨基金）が発表しているWorld Economic Outlook（世界経済見通し）によれば、世界GDPに占める日本の割合は1990年には14・3％だったものが2008年には8・9％までに縮小、一方国際競争力ランキングでも1990年には堂々1位であったものが、2010年に

図表1-2　日経平均株価の長期推移（月末終値）

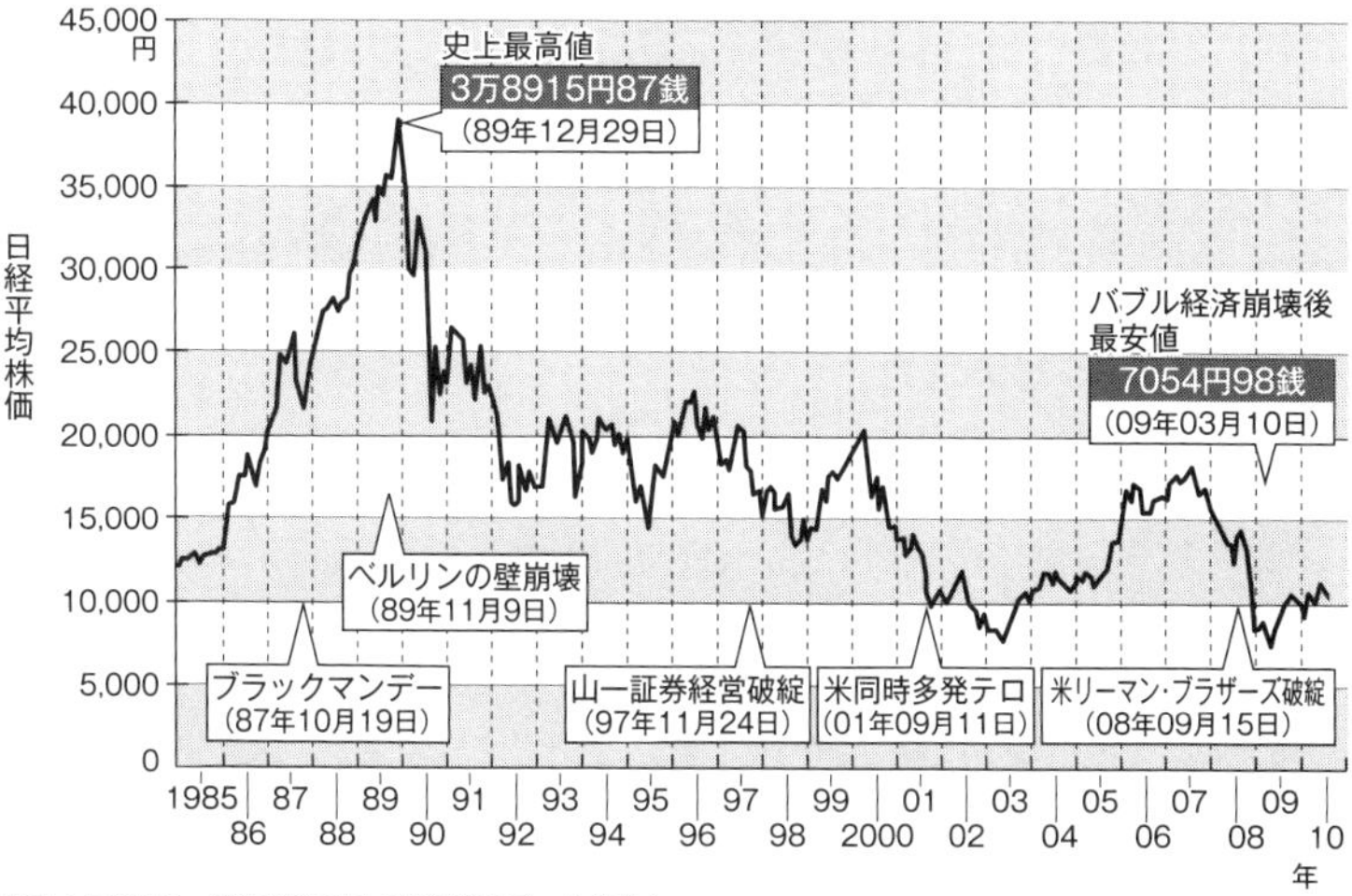

出所：日銀HP、総務省統計局「総合統計データ月報」

は27位にまで下落しており、世界における日本の経済的地位が年々低下しているだけでなく、国民一人当たりの豊かさまでもが低迷しているという、危機的状況に突入しています。

厚化粧だった「いざなみ景気」の素顔

とはいえそんな日本にも、明るい兆しが感じられた時期がありました。

１９９０年代初頭にバブル経済が崩壊。それからのおよそ20年間を考えてみると、不況一色であった２０００年頃までの「失われた10年」を経て、２００２～２００７年頃にかけては、緩やかながらも景気拡大を続けたことから、バブルの負の遺産はようやく払拭されたのではないかと思われま

図表1-3　日本の完全失業率の推移

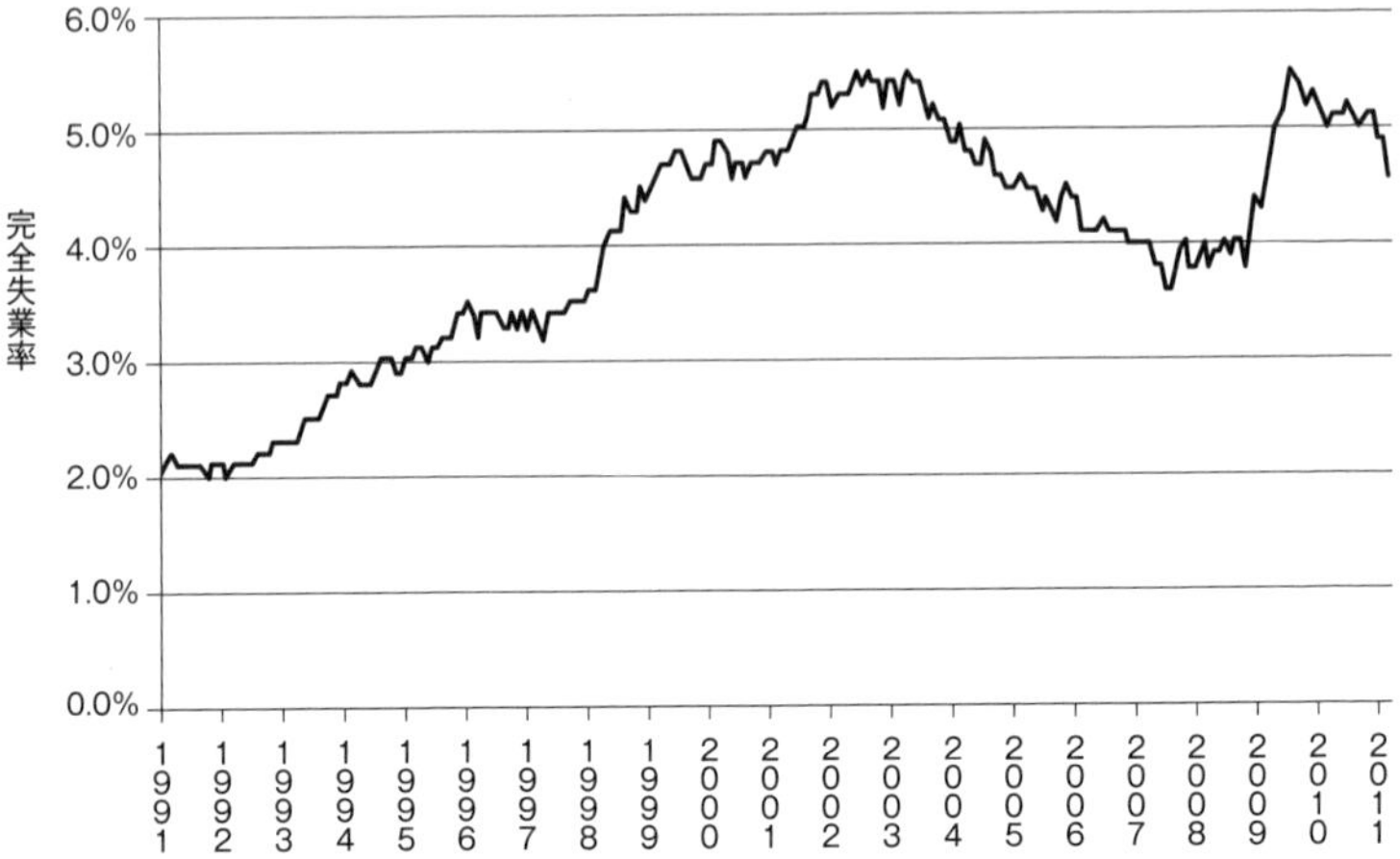

出所：総務省統計局「労働力調査」

した。日銀の量的金融緩和政策の効果もあって、景気拡大持続が「いざなぎ景気」を超えて69カ月も続き、「いざなみ景気」と呼ばれていたのはつい最近のことでした。

この「戦後最大の好景気」は、過去の好景気と比較すると実質GDP成長率や賃金上昇率が極めて低水準で、生活者にとって実感を伴うような豊かさが感じられなかったため、皆さんに好景気という実感値はあまり残っていないかも知れません。しかしこの時期、輸出企業を中心とした大企業の業績は好調で、過去7000円台にまで下がっていた日経平均株価が一時は1万8000円台まで回復するなど、日本経済浮上の兆しが見え、多少なりとも好ムードであったことは確かです。

しかしその一方で、この時期を「リスト

ラ景気」「格差景気」と呼ぶ経済専門家も決して少なくありませんでした。前述の企業の好業績の裏側では、リストラや賃金カットなどといったコスト圧縮施策が積極的に行われた面もあり、格差社会が顕著になっていったのです。

働く者を切り捨てて作り出された偽りの好景気とあって、企業業績が上向くのとは逆行して失業率は増加を続けるなど、消費者心理が明るい方向へ向かうべくもありませんでした。その結果、戦後最大の好景気という政府発表とは裏腹に、個人消費の冷え込みはかつてのように回復することはなく、消費の構造的変化が指摘されたのもこの頃からでした。

「新・産業構造」の構築を！

経済産業省は、２０１０年６月にまとめた『産業構造ビジョン２０１０（産業構造審議会産業競争力部会報告書）』の中で、「日本経済・産業の行き詰まり」「国民の暮らしや生活の閉塞感」という言葉を使うことで、日本経済の危機的状況をあらわにしています。

この報告書は、「日本は将来何で稼ぎ、何で雇用していくのか」という問いかけに明確に応えられない、先行き不透明な不安感を取り除き、「国民一人ひとりが豊かさを実感できる」という目的に向かっていくために、現状の課題を受け止め、官と民双方から見た今後のあるべき姿と具体的な処方箋を、我が国全体で共有する目的でまとめあげられたものです。

報告書によると、世界の主要プレイヤーと市場の変化に遅れた日本産業の厳しい「行き詰まり」をしっかりと認識した上で、日本経済を再び成長の軌道に乗せるためには「国を挙げて産業のグローバル競争力強化に乗り出す」ことが必要であり、そのためには、政府・民間を通じ、次の「4つの転換」が必要であることを強調しています。

1◆産業構造の転換

隠れた強みをビジネスにつなげる「新・産業構造」の構築

2◆企業のビジネスモデルの転換

技術で勝って、事業でも勝つ

3◆「グローバル化」と「国内雇用」の関係に関する発想の転換

積極的グローバル化と世界水準のビジネスインフラ強化による雇用創出

4◆政府の役割の転換

国家間の熾烈な付加価値獲得競争に勝ち抜く

こうした数々の「転換」を実現するためには、政府はもちろんのこと、企業及び、そこで働く一人ひとりが、変革に向けた行動を起こさなくてはなりません。官と民の関係も、世界の動きや社会課題解決の要請を踏まえた上で、新たな関係を構築していくことが必要なのです。高度成長時代の遺産を使い果たした今、日本は大きな「転換」が必要な時期に来ているのです。

下から2番目の起業活動率

隠れた強みをビジネスにつなげるまったく新しい産業構造の構築を――。ベンチャーの勧めとも取れる言葉ですが、「笛吹けど踊らず」というべきか、政府の必死のかけ声も空しく、国民はそう簡単には踊ろうとしません。

世界中のベンチャービジネスを対象に、調査・研究を行っているGEM（グローバル・アントレプレナーシップ・モニター／Global Entrepreneurship Monitor）では、各国の起業活動の活発度合いを表す尺度として起業活動率＝TEA（トータル・アントレプレナーシップ・アクティビティ／Total Entrepreneurship Activity）という指標を開発し、その調査結果を毎年発表しています。

起業活動率とは18歳から64歳までの人口に占める起業活動を行っている人（独立・社内を問わず、新しいビジネスを始めるための準備を行っている個人で、まだ給与を受け取っていない人及び、すでに会社を所有している経営者で、初めて給与を受け取って3・5年以上経過していない人と定義）の割合のデータです。

図表1-4　各国の起業活動率

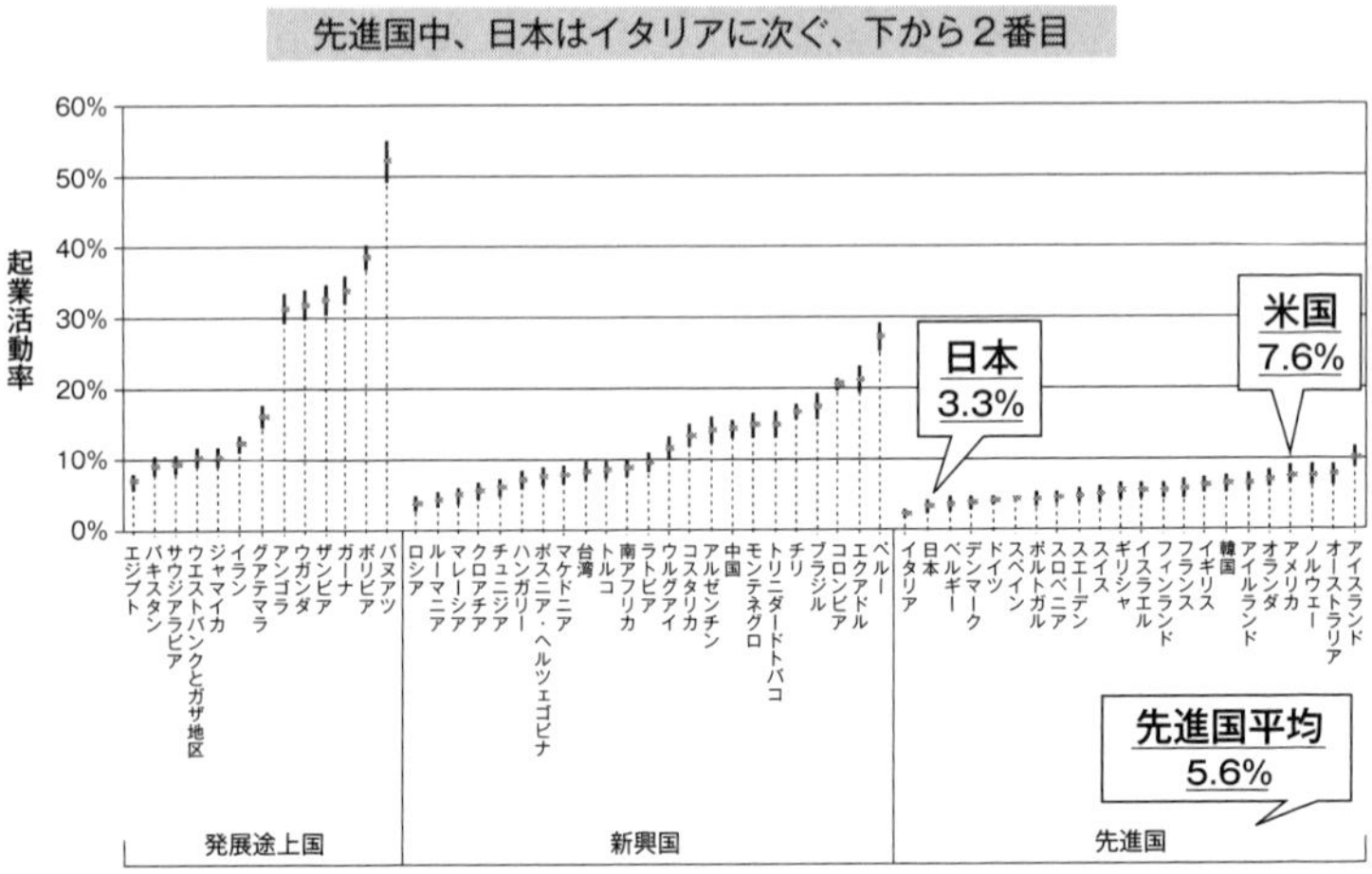

出所：Global Entrepreneurship Monitor「2010 Global Report」

２０１０年度の調査結果を見ると、調査対象国58カ国中、日本は下から2番目の３・３％という大変残念な結果となっており、世界の中でも新しい産業創出への取組み度合いが低い国であることがわかります。

また、この起業活動率とＧＤＰ（国内総生産）の間には明らかな相関関係が見て取れます。

図表１－５は、横軸に先進国（ＧＥＭが一人当たりＧＤＰや総輸出に占める主要品目などを勘案して先進国グループに分類した20カ国）の２０００年〜２００９年の10年間のＧＤＰ伸長率の平均値をとり、縦軸には同期間の起業活動率の平均値を置いています。

各国の分布を見ると、起業活動が活発な

図表1-5　実質GDP成長率と起業活動率の相関関係

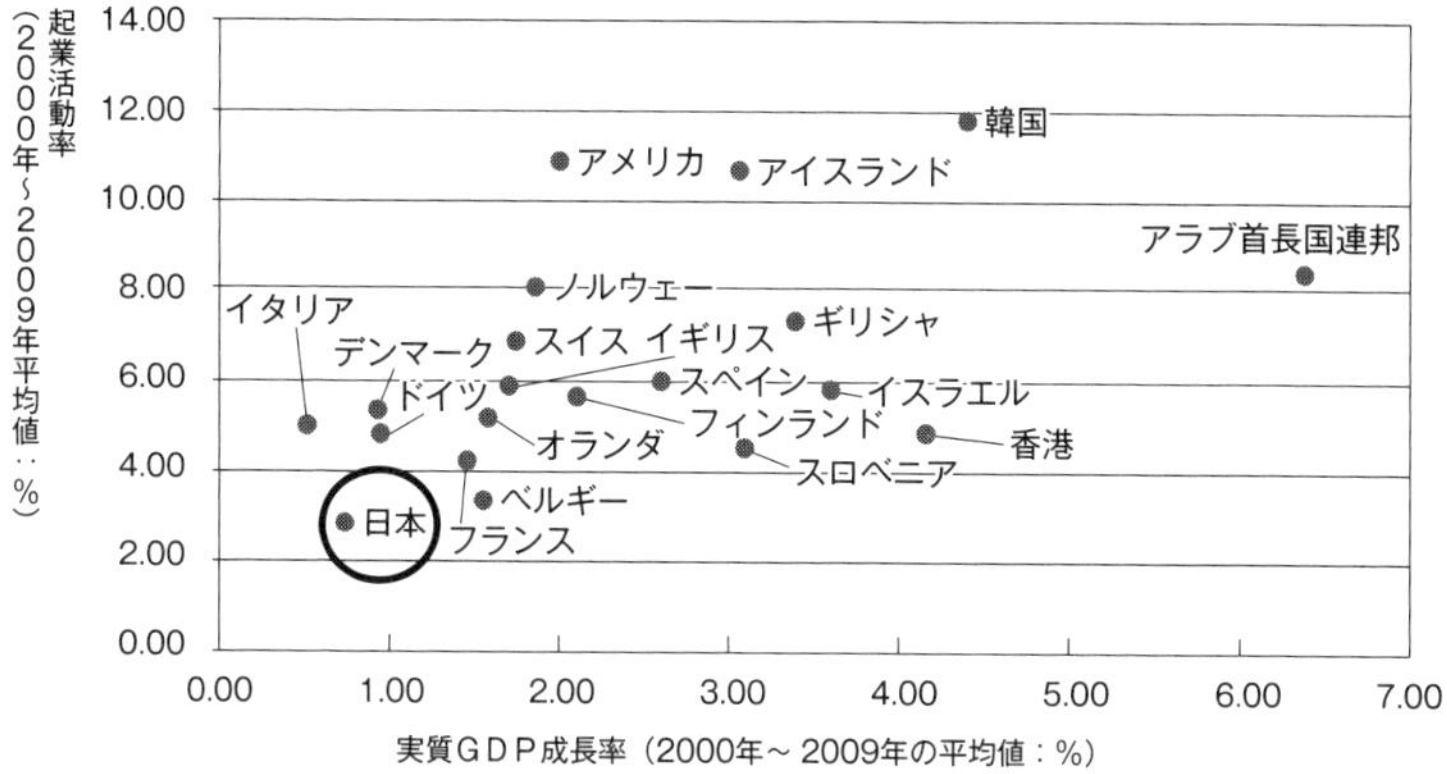

実質GDP成長率(%)＝(当年の実質GDP－前年の実質GDP)÷前年の実質GDP×100

出所：Global Entrepreneurship Monitor「Global Report」、㈱エムウアト作成
※各国とも調査対象年次データのみを集計の対象としている

国はおおむね実質ＧＤＰの伸び率も大きく、新しいビジネスや産業がどんどん生まれる国は経済も活性化するといえそうです。

その中で日本は、２０１０年の実質ＧＤＰは５３９兆円で、リーマンショックの影響を受けた２００９年の５２５兆円から回復基調にありますが、この10年間の実質ＧＤＰ平均伸び率は０・74％と先進国グループの20カ国中、イタリアの０・53％に次いで低い値で、先進国の平均値２・１％と比較すると３分の１以下の低いレベルであり、起業活動率のこの10年間の平均値は２・９％で、22カ国中最下位です。先進国の平均値は６・６％ですから、かなり低い状況にあるといえます。

一方、世界経済で存在感を高めている韓

国は、2010年の実質GDPが1040兆ウォン（1ウォン＝0・08円換算で83兆円）と金額ではまだまだ日本より低いものの、10年間の平均伸び率は4・4％と先進国中第1位、起業活動率の平均値は22カ国中トップの12％で、起業大国アメリカと肩を並べています。

詳しくは第2章で後述しますが、日本経済の現在の低迷ぶりには、起業活動の不活発さにあるとしか思えない状況だと考えられます。

日本が少子高齢化やグローバル化といった数々の課題を抱えながらも、雇用を維持し、経済の再生を果たすには、『産業構造ビジョン2010』の提言通り、隠れた強みをビジネスにつなげ、まったく新しい産業構造を構築し、それにより新たな雇用を確保するしかありません。具体的には起業家を支援し、日本中に新しいビジネスや産業を次々と誕生させていくことです。早急に着手しなければ、日本は失われた30年へのぼんやりとした不安を抱えながら、勃興するBRICsを始めとした新興各国の成長を尻目に衰退の一途を辿るしかないのです。

際立って低い日本のベンチャー投資額

ベンチャー企業が主な資金調達先として頼るのが個人投資家や政策機関、ベンチャーキャピタル（VC）ですが、それらの昨今の状況にも憂慮すべき点があります。

ベンチャー企業へ投資を行った個人投資家に対して税制上の優遇措置を行う「エンジェル税

図表1-6　日米欧VC年間投資額の推移

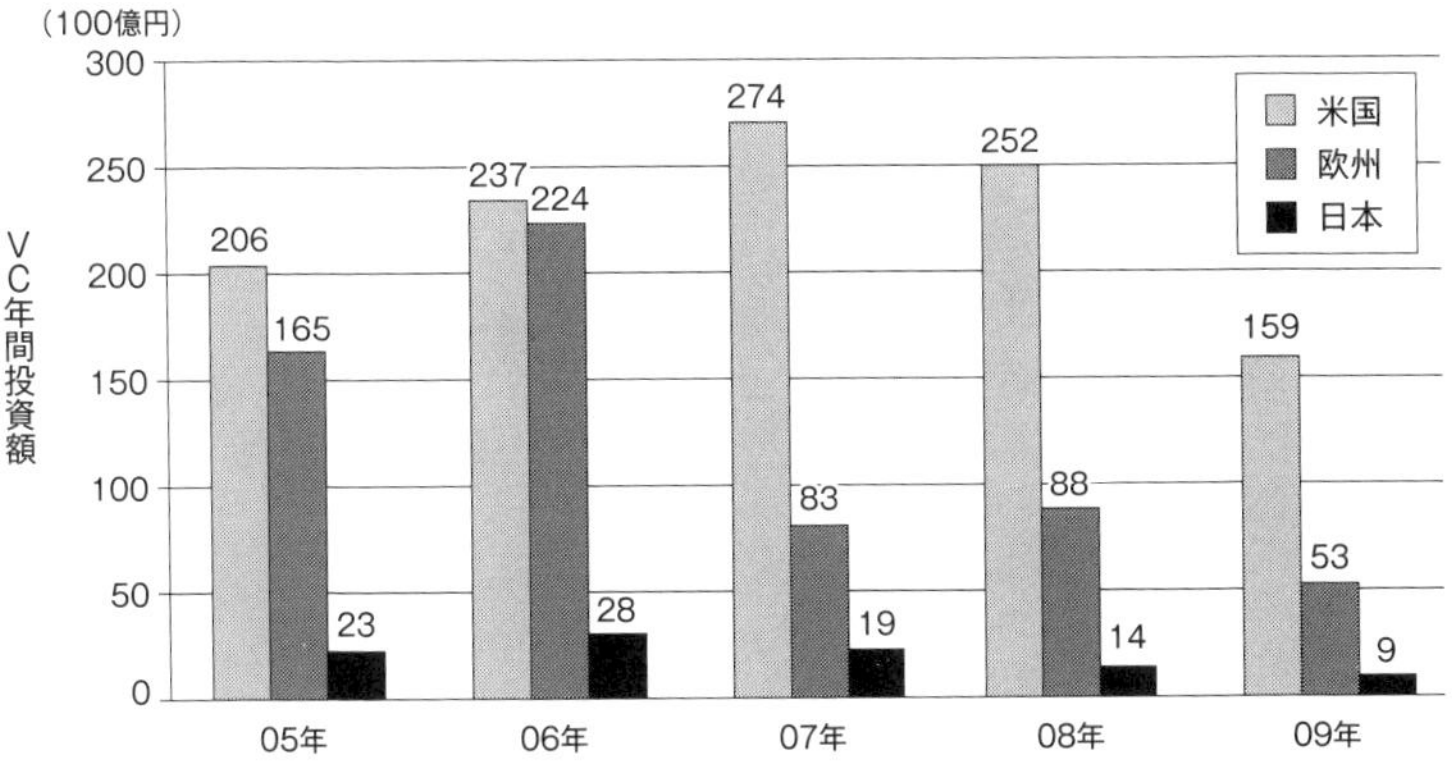

出所：財団法人ベンチャーエンタープライズセンター「2010年ベンチャーキャピタル等投資動向調査の結果（速報値）」
※欧・米は暦年（1月～12月）、日本は4月～翌年3月
※日・米・欧ともVC投資のみであり、再生・バイアウト投資は含まない。日本は融資を含む。米国は米国内への投資であり、日本・欧州は外国への投資も含む

制」の対象となる2009年の投資額は、わずか8億1000万円で、前年対比で3割弱も減少しています。非上場株式に投資できる市場として日本証券業協会が平成9年7月にスタートさせた制度「グリーンシート」の売買状況を見てみても、2010年の売買金額は僅か2億円に過ぎませんでした。

また、中小・中堅企業に対して投資を行う政策実施機関である東京中小企業投資育成株式会社、大阪中小企業投資育成株式会社、名古屋中小企業投資育成株式会社の3社の投資状況も、かつては各社とも年間10～50億円規模で投資していたものの、2009年度には1億円を下回る水準にまで落ち込んでいます。

VCによる投資でも同様で、財団法人

図表1-7　日本のIPO社数の推移

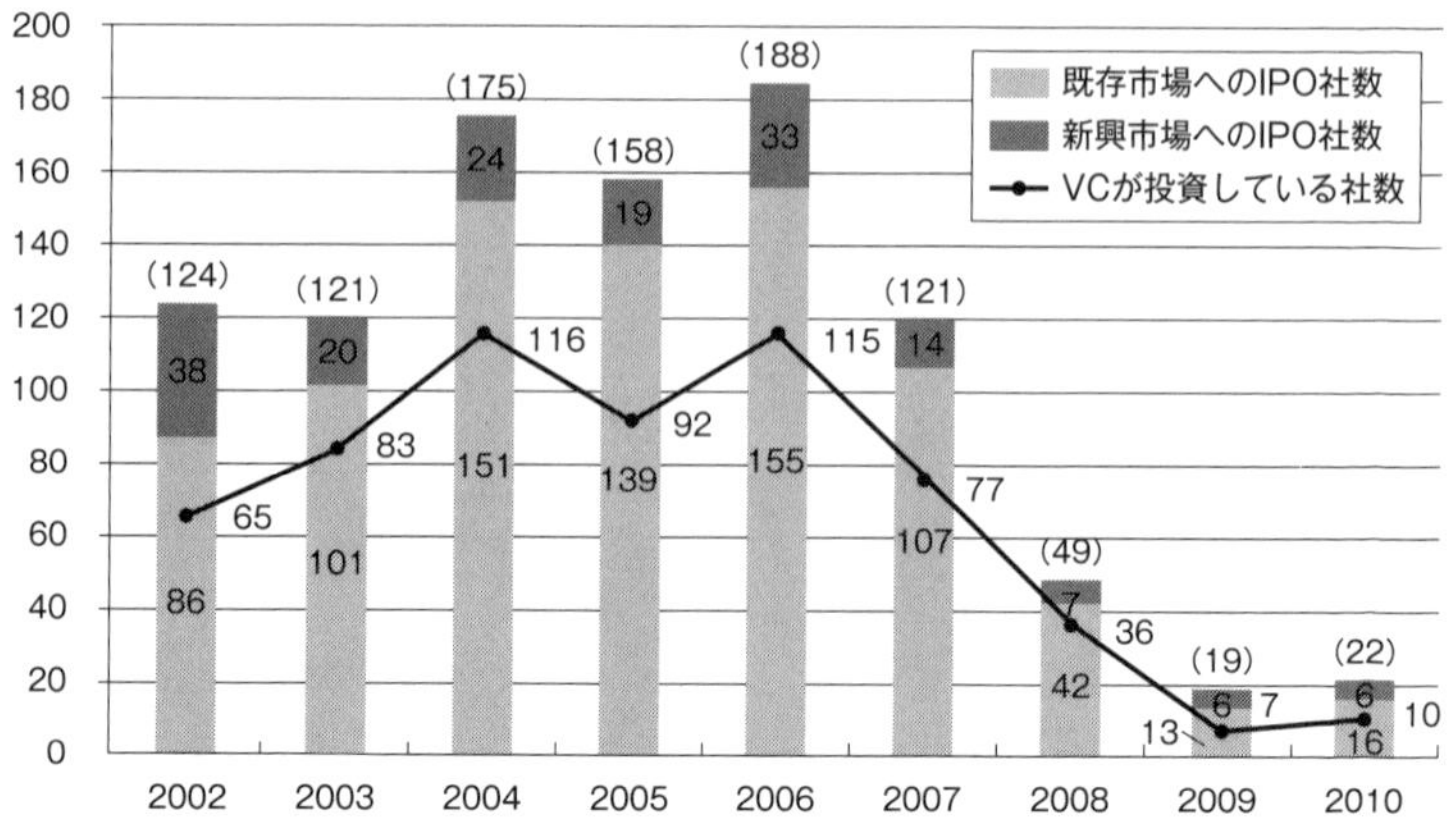

※カッコ内の数字は全市場のIPO社数合計

出所：財団法人ベンチャーエンタープライズセンター「2010年ベンチャービジネスの回顧と展望（要約版）」

ベンチャーエンタープライズセンターの2010年度の調査結果によると、2008年度の日本のＶＣによる投資総額は1366億円であり、前年対比で29％減少しています。リーマンショック後の2009年度はさらに落ち込み、前年対比36％減の875億円。直近ピークの2006年度（2790億円）の3割の水準で、95年度の調査開始以降、初めて1000億円を割り込みました。アメリカの1兆5900億円、欧州各国の5300億円（いずれも2009年度）と比較して、ＧＤＰ対比でも際立って低いのが実情です。

こうしたベンチャー企業への投資額減少の要因として多くの専門家は、ＶＣが投資回収するシステムそのものに課題があることを挙げています。

つまり、日本のVCのベンチャービジネスに対する投資の回収は、これまでIPO（新規株式公開）一辺倒であったわけですが、新興株式市場の低迷により、そのビジネスモデル自体が難しくなっているのです。事実、2010年のIPO社数は国内ではわずか22社にとどまり、ピークであった2006年（188社）の8分の1にまでに落ち込んでいます。投資の回収方法が見えなければ、VCは投資先を絞り込まざるを得ません。つまり「投資の回収方法がIPOに限られており、その限られた回収のチャンスが激減したため、VCの投資意欲も投資額も減っている」「VCからの投資額が減るからIPOも減少する」という、負の連鎖に陥っているわけです。

回復基調のアメリカ、低迷続く日本

日本のIPO減少の傾向は今後も続くと見られ、回復の兆しは未だ見えていません。

しかしながら、長引く超低空飛行の原因を、2008年に世界を襲ったリーマンショックの影響のみに結びつけるのは性急に過ぎません。

ここでアメリカのIPOにおける件数と調達額を見てみましょう。

図表1－8を見るとわかるように、米国のIPO社数、調達額ともに、2008年下半期から2009年上半期にかけてリーマンショックの直撃を受けて激減しています。ところがアメ

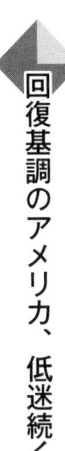

図表1-8　米国IPOの件数・調達額の推移

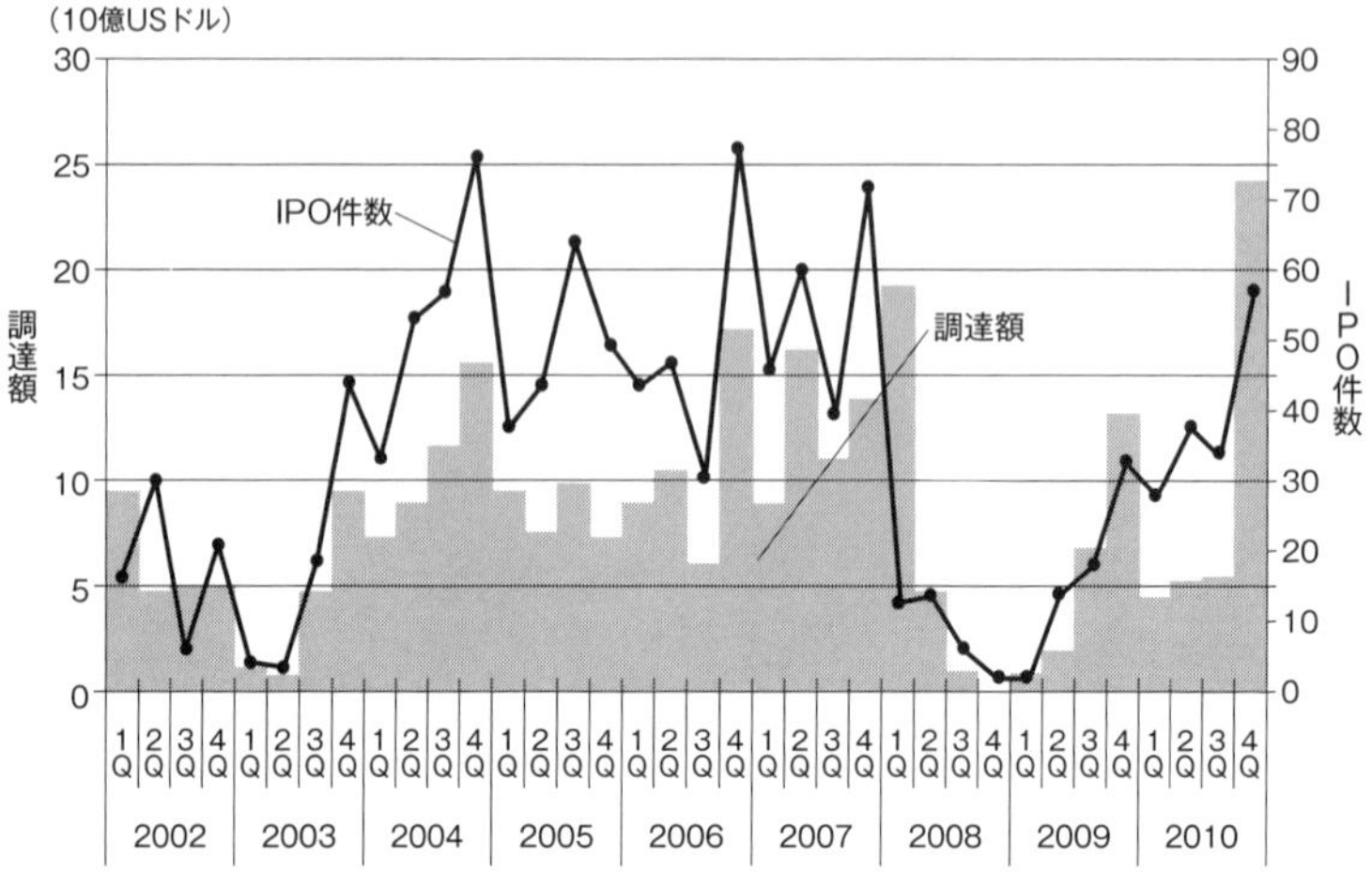

出所：Renaissance Capital

リカは日本と異なり、ＩＰＯ社数はすでに２００９年第２四半期より増加に転じ、順調に回復しています。また調達額についても、２００９年下半期から増加の傾向を見せ始め、２０１０年第４四半期にはリーマンショック以前の水準を超えるまでに回復しています。調達額の増加は、グリーンテクノロジー、ライフサイエンス分野など、新しい産業分野への投資が牽引したと見られています。アメリカにおいてはＩＰＯ社数、調達額はリーマンショックを乗り越え、次の成長ステージへ移りつつあると見てとれます。

こうした回復傾向はＢＲＩＣｓを始めとした新興国ではさらに顕著です。

２０１０年度の世界の株式市場での資金調達額でＢＲＩＣｓが欧米を抜き、新株発

図表1-9　グローバル市場のIPO件数・調達額

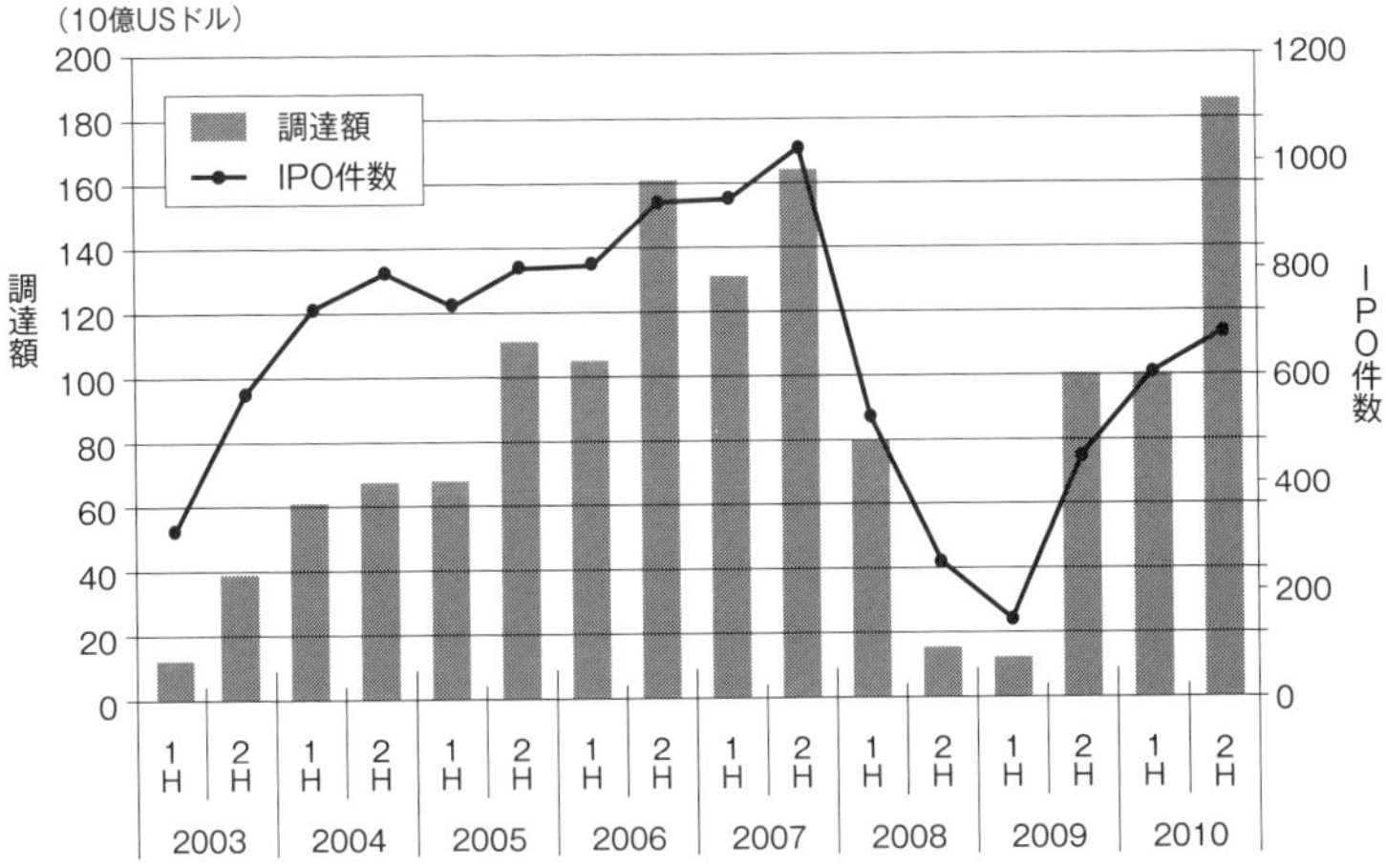

出所：Ernst & Young "Q1 '11 Global IPO update"、㈱エムアウト作成

グローバル市場におけるBRICs市場IPO件数・調達額の占める割合

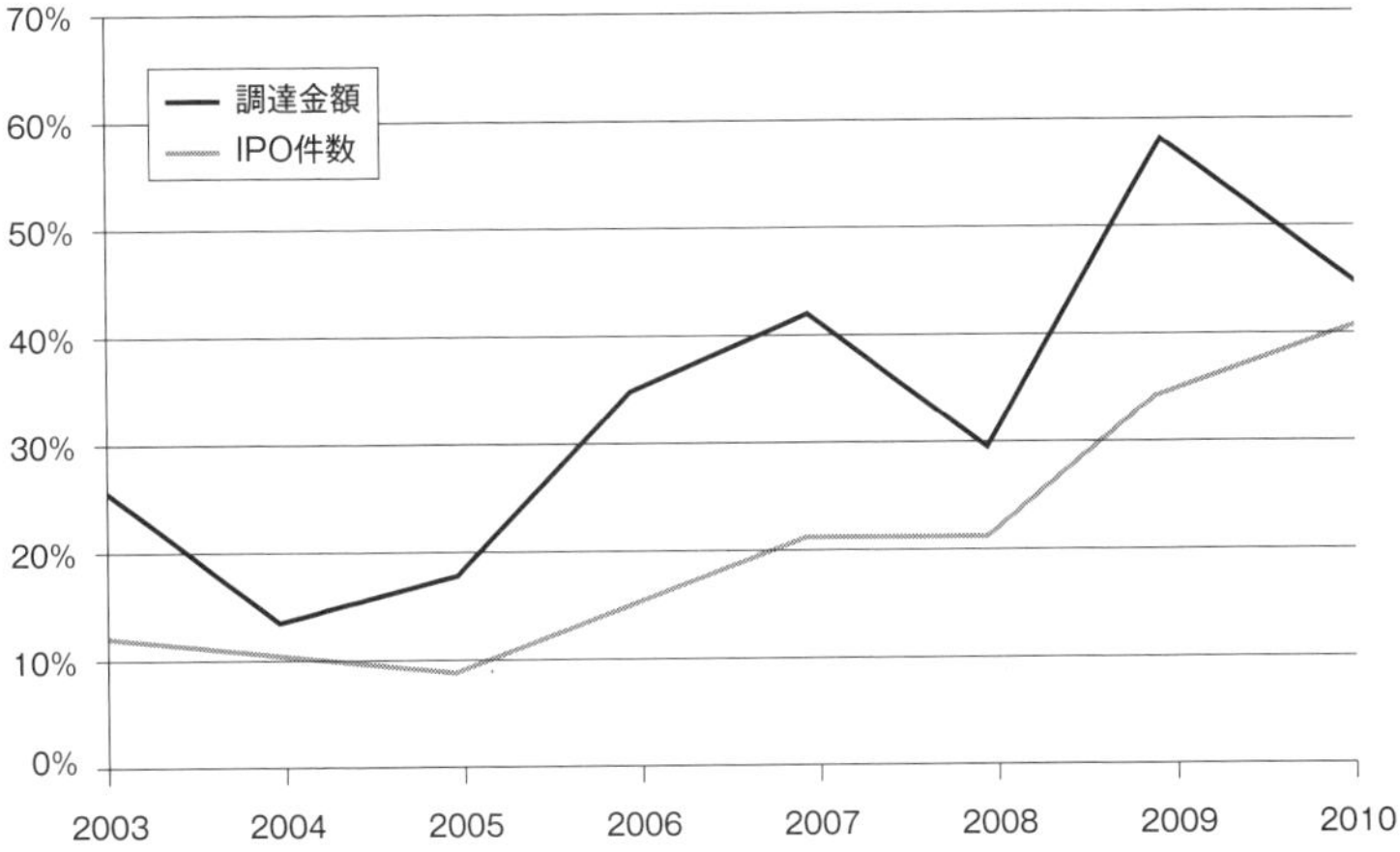

出所：Ernst & Young "Q1 '11 Global IPO update"、㈱エムアウト作成

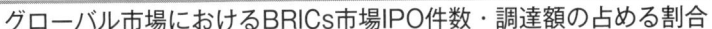

行による資金調達シェアが世界の46％を占めると見られています。経済活動の主戦場が新興国にシフトしているのは明らかで、それに誘われるかのように、日本のＶＣの資金もまた、低迷するばかりの日本経済を見限り、こうした国々へと向かってしまっているのです。

日本から逃げ出すＶＣ

日本では起業ステージにある企業は銀行からの融資が受けにくいという憂うべき実情があり、資金調達にＶＣが果たすべき役割は決して小さくありません。そんな中でのＶＣの新規投資抑制や海外シフトは、起業活動そのものの衰退を招き、ひいては日本経済の衰退につながるといっても過言ではないでしょう。

前述の通り、起業活動が盛んな国では、ベンチャーの育成とその発展は国力そのものに大きく寄与するまでになっています。

図表1－10はアメリカにおけるベンチャーの経済貢献度をまとめたものです。

アメリカの全雇用1億5000万人のうち、ＶＣが投資育成するベンチャーによる雇用はおよそ9％弱を占めています。またＧＤＰ（国内総生産）に占めるベンチャーの割合は25％に達しています。話題の新興ベンチャーFacebookにいたっては、1社で1800人を雇用、3年間の従業員増加率はなんと999％です。起業活動を盛んにし、それにより雇用を底上げする

図表1-10　米国ベンチャーの経済貢献

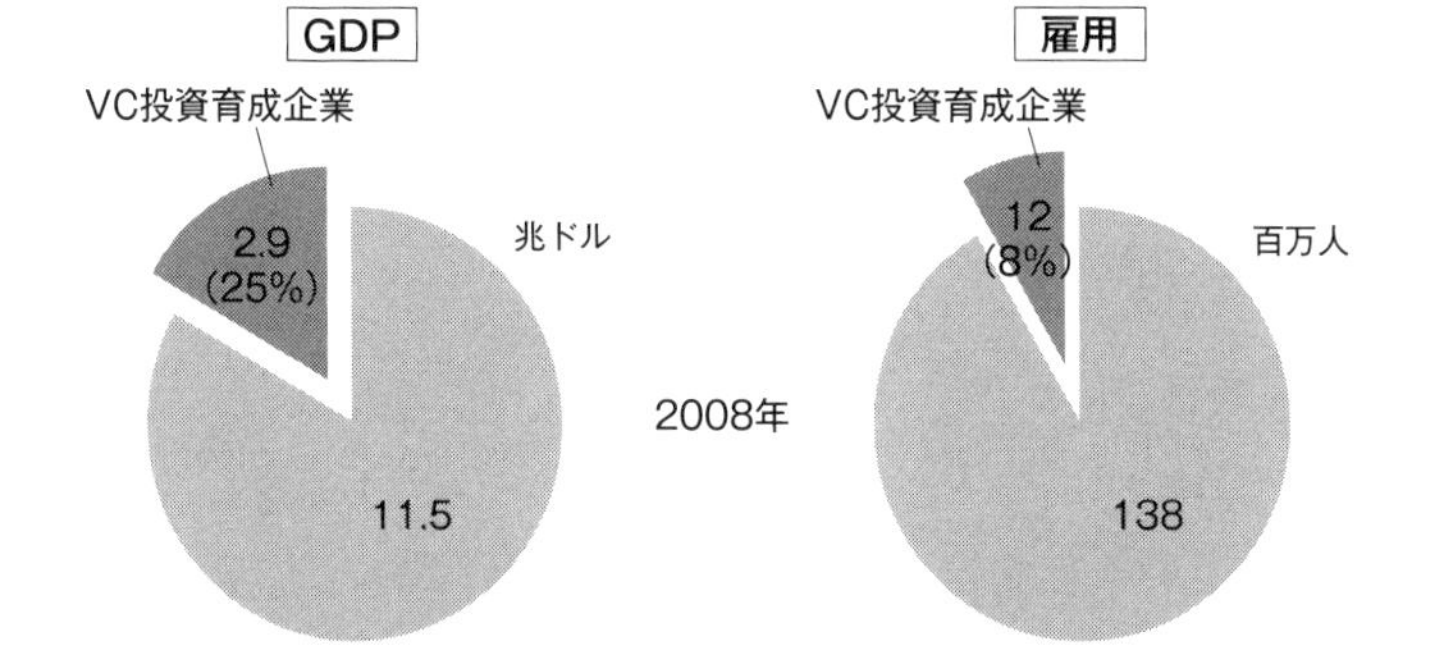

出所：National Venture Capital Association（NVCA）「Venture Impact」

参考

◆google（上場）

売上高：293億ドル（2010年）
売上伸び率（1年）：24%
従業員数：26,300人（2011年3月）
従業員増加率（1年）：28%

◆The Facebook Inc（未上場）

売上高：20億ドル（2010年）
従業員数：2,000人（2011年）
従業員増加率（1年）：200%

ことが、国力維持の面からも欠かせないことがおわかりになるでしょう。

一方で日本では、残念なことにベンチャーに資金を供給するＶＣが、投資先を日本から海外へシフトする傾向にあり、国内ベンチャーへの投資の縮小が進んでいます。

投資先ベンチャーのＥＸＩＴをＩＰＯのみに期待するビジネスモデルの限界、国内の経済環境の厳しさから、ＶＣ資金の海外流出は加速度を増しており、主要ＶＣ２０社の投資額全体に占める海外投資の割合は２００７年度が３割であったのに対し、２００９年度は４割に上昇しています。投資額で国内トップのＳＢＩホールディングスは、東南アジアなど海外向け投資の強化を表明、２０１０年度４月～９月期の海外企業への投資額は３７１億円で、前年同期比

5割増となっています。ではこうした日本国内のベンチャーに対する投資の減少傾向は、日本の景気が回復すれば解消するのでしょうか。

図表1‐6をもう一度見てください。日本におけるベンチャーへの投資額の少なさは、2008年のリーマンショック以前の、いざなみ景気といわれた好景気にあってもさほど変わりませんでした。投資額の大きかった2006年は2800億円と、2009年の3倍の投資額があったものの、アメリカやEUの投資額と比較するとわずか8分の1程度の規模です。

この理由はどこにあるのでしょうか?

国民の教育水準は高く勤勉で、外貨準備率は中国に次いで世界第2位。製造各社の技術水準は海外企業の追い上げが激しいものの、今なおトップクラスにあり続けています。しかしながら景気回復途上にあってもベンチャー投資額は米国、EUから大きく引き離され、そればかりか先に見た通り、起業活動率は世界最低の水準にとどまっています。

その本当の要因は景気の良し悪しなどではなく、実は日本人の国民性そのものにあるのではないでしょうか。

第2章

日本経済が再生しない本当の理由

「サラリーマン」は安泰という時代の終焉

起業活動率が低く、たとえ好景気であってもベンチャーへの投資額は一向に増加しない。その要因は景気の状況などでなく、実は私たち日本人自身にあるのです。まずは高度経済成長の時代を経て、我々日本人に定着した仕事に対する姿勢、向き合い方が挙げられるでしょう。

常に右肩上がりが前提となっていた高度経済成長の時代には、終身雇用・年功序列という安定した就労環境をベースに、ただひたすら会社のために黙って働く勤勉な「モーレツサラリーマン」の姿が一般的でした。起業やベンチャーという言葉もまだポピュラーではなく、大企業に就職し、滅私奉公の精神で会社の中で粛々と頑張ってさえいれば、着実に昇進、昇給して念願のマイホームが手に入るというようなスタイルが当たり前だったのです。まさに「会社人間」「企業戦士」「猛烈社員」「24時間戦えますか」というような言葉で表現されてきたサラリーマン像であり、社会人の多くを占めていたこのサラリーマン層こそが、日本経済全体を押し上げ、1億総中流の社会をつくってきたといえるでしょう。

このような、定年まで一企業内でサラリーマンとして働くことが前提となっている社会では、

・会社の指示通りに動いてくれる人材か
・上司の考える通りに進められる人材か
・いかに効率よく迅速にこなせる人材か

といったことが、会社の求める人材像となるのは極めて理にかなっていました。

経済全体が拡大成長を続け、どの企業も成長することが前提になっていれば、黙っていても仕事は増える一方です。仕事は上から降ってくるもの、会社から与えられるものであり、自ら生み出す必要はありません。そうした環境下では、受け身で仕事をすることが何の問題にもなりませんでした。余計なことは考えずに会社の意思決定事項をいかに速やかに実行に移せるかが、会社が人材を測るモノサシだったのです。

「余計なことは考えなくていい」という志向は、働く側にもありました。会社はエスカレーターのようなものであり、どのエスカレーターに乗っても基本的には「上り」であって、一旦、エスカレーターに乗りさえすれば、よほどおかしなことをしない限りは、高いところへ自動的に連れて行ってくれる、だからいい会社に就職できさえすればいいのだという発想でした。

終身雇用・年功序列といった安定した就労環境ゆえに、会社にしがみつき、内向きのことしか考えないネガティブな意味での「サラリーマン根性」が生まれ、社内政治や調整ごとに費やす時間がばかりが増えてしまうというような問題を抱えるようになっていくのも、極めて自然な流れだったのです。

ところが右肩上がりの時代は終わりを告げました。バブル崩壊以降、経済が行き詰まり、環境が日々急速に変化する中、競争は国境を越えて激化し、過去とは違う「生き残り」の時代がやってきたのです。年功序列システムは崩壊し、安泰だと考えられてきた大企業でさえも存続が確実ではなく、成果主義、実力主義が浸透し、結果がでなければリストラにより、人も会社も淘汰されるようになったのです。

毎朝決められた時間に出勤し、上司からの指示通りにそつなくこなす。そういった右肩上がりの成長を前提とした働き方の有効性が失われ、これまでのサラリーマン像のままでは、生き抜いていくことができない時代になってきたのです。企業にしてみれば、受身的な社員はただのお荷物であり、企業自身が存続するためには、もはやそのような社員を抱える余裕はありません。

となると、たとえ大企業の「サラリーマン」であっても、自ら動き、考え、新たな付加価値を生む仕事を自力で作り出せなければ、その存在価値が問われるようになったのです。

低すぎるベンチャーへの評価

これまでのように大企業で働いても、将来が約束されない不確実な世の中であるならば、いっそのことベンチャーを立ち上げて打って出るのも方法の一つでしょう。ところがここに問題

図表2-1　キャリアとして起業は良い選択か

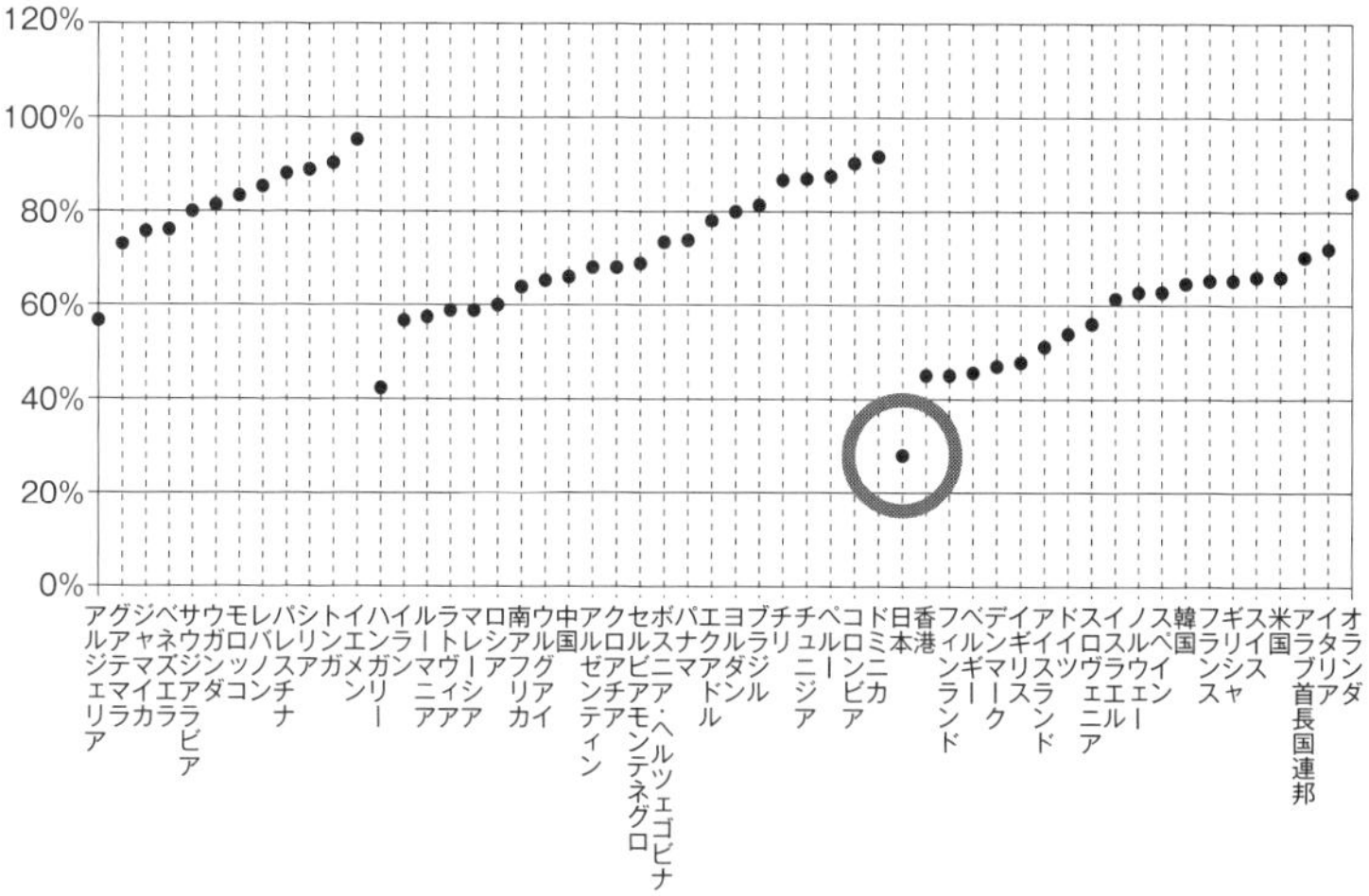

出所：Global Entrepreneurship Monitor「2010 Global Report」

があります。衰退するばかりの国内の産業、追い上げにかかるＢＲＩＣｓ各国と、「前門の虎、後門の狼」といった状況にありながら、日本ではベンチャーへの志向も評価も、驚くほど低いのです。

２０１０年にＧＥＭが、世界54カ国を対象に起業に関する意識調査を行っています。

図表２－１は起業家という職業の選択に関する調査結果で、「あなたの国の多くの人たちは新しいビジネスを始めることが望ましい職業の選択であると考えているか」という質問に「はい」と回答した比率です。54カ国ほぼすべての国で40％以上の人々が「はい」と答えている中で、日本では僅か28・４％と、調査国中最も低い結果になっています。

図表2-2　起業家の地位に対する評価

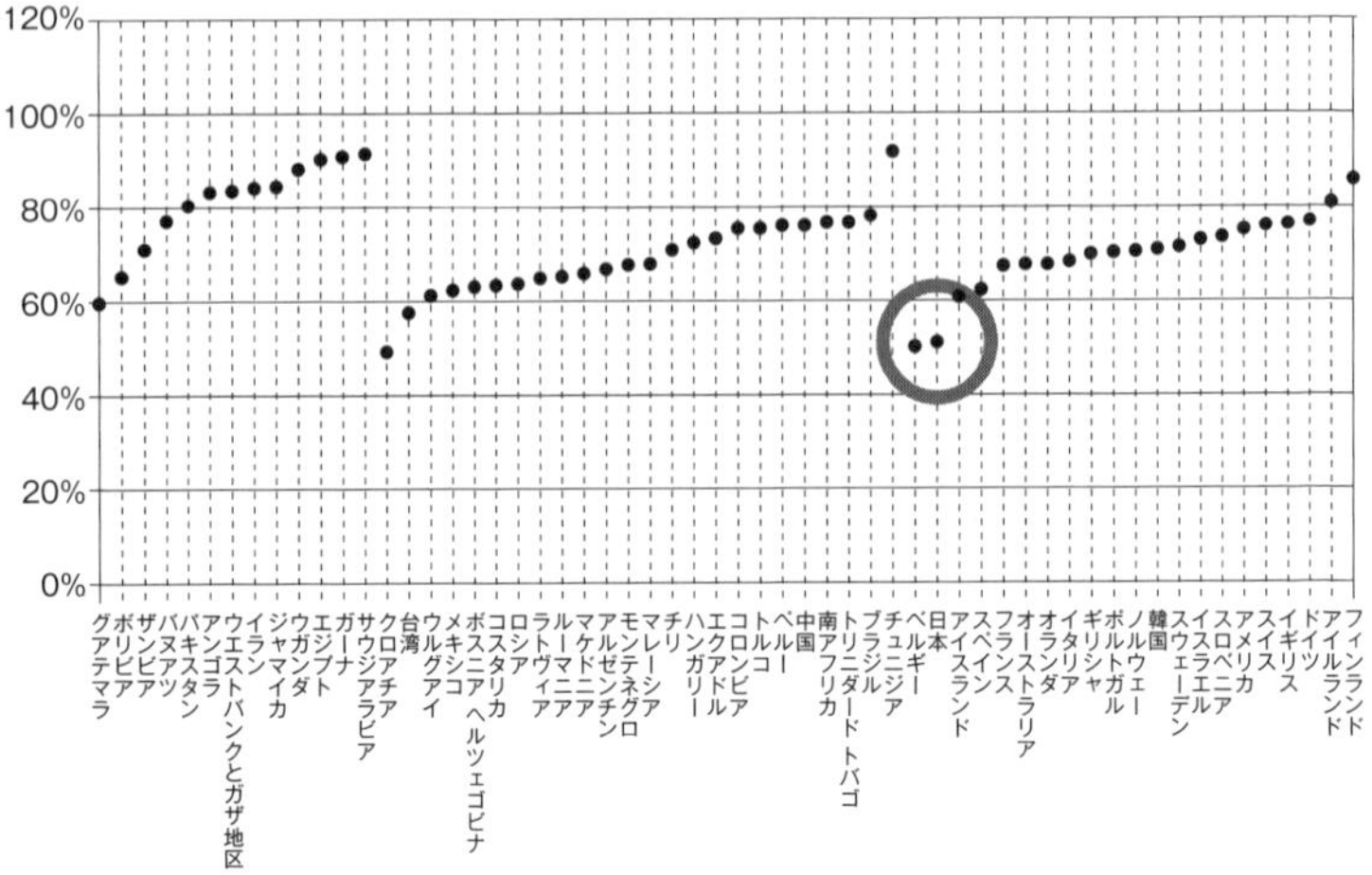

出所：Global Entrepreneurship Monitor「2010 Global Report」

日本では7割以上の人にとって起業家は望ましい選択ではなく、自らが積極的にチャレンジし、また息子や娘に期待したいことではないのです。

　起業家の社会的地位についても同じ傾向が見られます。

「あなたの国では新しくビジネスを始め成功を収めた人は、高い地位と尊敬を持つようになるか」という質問に対しても、「尊敬に値する」と答えた人は49・6%にとどまり、これもまた54カ国中最低水準の結果になっています。

　こうしたベンチャーへの低評価はむしろ若年層の方で顕著です。これは昨今の若者の大企業志向にてきめんに表れているといっていいでしょう。

　2011年度、大企業（従業員数500

0名以上）の求人数4・2万人に対し、就職希望は8・9万人で、求人倍率はおよそ0・47倍。二人に一人しか大企業には就職できません。ところがこれが中小企業となると数字は一気に逆転します。中小企業（従業員数300人未満）の求人数30・3万人に対し、就職希望者は6・9万人。これは完全な売り手市場で、求人倍率は4・4倍です。就職氷河期とはいうものの、若者の安定志向による求人と求職のミスマッチが起こっているに過ぎないのです。

日本航空が破綻し、武富士が会社更正法の適用を受ける時代。どんな大企業といえども、10年後の安泰など誰も保証できないこの時代でも、日本の若者の大企業志向はむしろ強くなり、さらに前述の社会的通念がそれを後押ししているといえるでしょう。

日本でベンチャーというと、「大企業や役所に入れなかった人が就く仕事」、「得体がしれない、あやしい」というイメージがあるため、優秀な人はベンチャーに就職せず、ベンチャーは常に人材不足の状況です。もちろん最近になってようやく優秀な人がベンチャーに就職するケースも出てきていますが、そうしたケースはまだまだ少数派に過ぎません。不景気で大企業が採用を大幅抑制していますために、優秀な人材が中小企業に流れているという現象もありますが、優秀な人材が自ら望んで積極的にベンチャーに入ってチャレンジするというのには、まだまだ遠い状況です。

ちなみにアメリカにおける起業に対する評価は、日本におけるそれとは180度異なります。詳しくは後述しますが、優秀な学生ほど起業を選択する傾向にあるのです。大学の講義では教授陣が「一流の人材は起業すべし」と断言し、奨励します。大企業へ行くのはその次の二流の人材であり、役人になるのは最後に残った人材であるという位置づけです。

こうした状況を見てみると、アメリカがGoogleやAmazon、facebook、GROUPONなど世界的なベンチャーを次々と生み出し続けるその底流には、「起業に打って出る人材こそ一流」という考え方があるのです。

そして今、日本経済が起死回生の復活を図るために、日本においても、起業やベンチャーに対する考え方の大転換が求められているのです。

大企業も始まりはベンチャーだった

日本の学生に見られる大企業志向ですが、そうした大企業もかつてはベンチャーだったということが忘れられがちなのは、皮肉な事実というべきでしょう。

明治時代には商法上初の株式会社である「日本郵船」を始め、多くの株式会社が誕生しました。設立、運営に関与した企業、組織が生涯で500社を超えるといわれる日本資本主義の父渋澤栄一や、「日本郵船」を核とする三菱財閥創業者の岩崎弥太郎らが明治維新後の日本の産業化をリードし、近代日本の産業経済の礎を築きました。

第二次世界大戦後には、現在のものづくりニッポンを代表するソニーやホンダ、京セラとい

図表2-3　各ベンチャーブームの概要と代表的な企業

近年のベンチャーブーム	時期	特徴	代表的な企業
第1次ベンチャーブーム	1970 ～ 1973	研究開発型のハイテクベンチャーや外食ベンチャー。石油ショックにより終焉。	日本電産、キーエンス、アデランス、ぴあ、大塚家具、コナミ
第2次ベンチャーブーム	1983 ～ 1985	ハイテク&サービス業。株式公開基準の緩和。プラザ合意後の円高不況で終焉。	ＨＩＳ、ＣＣＣ、スクウェア、ソフトバンク、パソナ、ジャストシステム
第3次ベンチャーブーム	1995 ～ 2000年代半ば	マザーズ等の創設や官公庁主導のベンチャー支援策。大学発ベンチャーブーム。	楽天、ＩＩＪ、アンジェスMG、ライブドア、アスクル

った企業が次々と創業、大活躍し戦後の復興を牽引しました。安定志向の若者たちがこぞって入社を希望するこうした大企業も、その始まりは、海の物とも山の物ともつかないベンチャーだったのです。

その後、高度経済成長や消費の伸びに支えられた１９７０年代前半の第一次ベンチャーブーム、ハイテク精密機械を中心とした１９８０年代の第二次ベンチャーブーム、急成長する情報通信技術関連市場、いわゆるＩＴバブルに支えられた１９９０年代末～２０００年代初頭にかけての第三次ベンチャーブームと、３回のベンチャーブームが起きています。

最近では、Google、Apple、Amazon、facebook、Twitter、GROUPONといったようなＩＴを中心としたグローバル級の創造的ベンチャーが大きく成長し、社会インフラといえるまでの発展を遂げています。しかしそれらはいずれもアメリカを中心とした海外発のベンチャーであり、日本発の有力ベンチャーがなかなか育っていない状況です。日本で近年成功している企業はどれもアメリカの成功モデルを日本に移植したものばかりで、日本発の有力なグローバル・ベンチャーは何年も生まれていません。

その要因は、前述したVCによる投資規模の小ささなどが影響しているという一面は確かにあるものの、一方で「起業家精神を持った人材の不足」「失敗を許容しない日本の社会風土」という起業を取り巻く環境そのものに問題があり、そしてそれこそが、日本経済再生を阻む、真因となっているのです。

起業家が現れない日本

日本経済が活力を取り戻し、雇用の安定を図っていくためには、新たな付加価値を生み出していくベンチャー企業の創出・育成しかありません。次々と起こるベンチャーのもと産業が拡大成長し、人材の受け皿となってくれることが必要不可欠で、常に若い会社が出てこなければ日本経済は活力を失っていくばかりです。ですが前述した通り2010年度のIPO数はたった22社。昨今の厳しい経済情勢があるとはいえ、あまりにもお寒い状況です。こうした背景に

図表2-4　起業の機会があると思うか

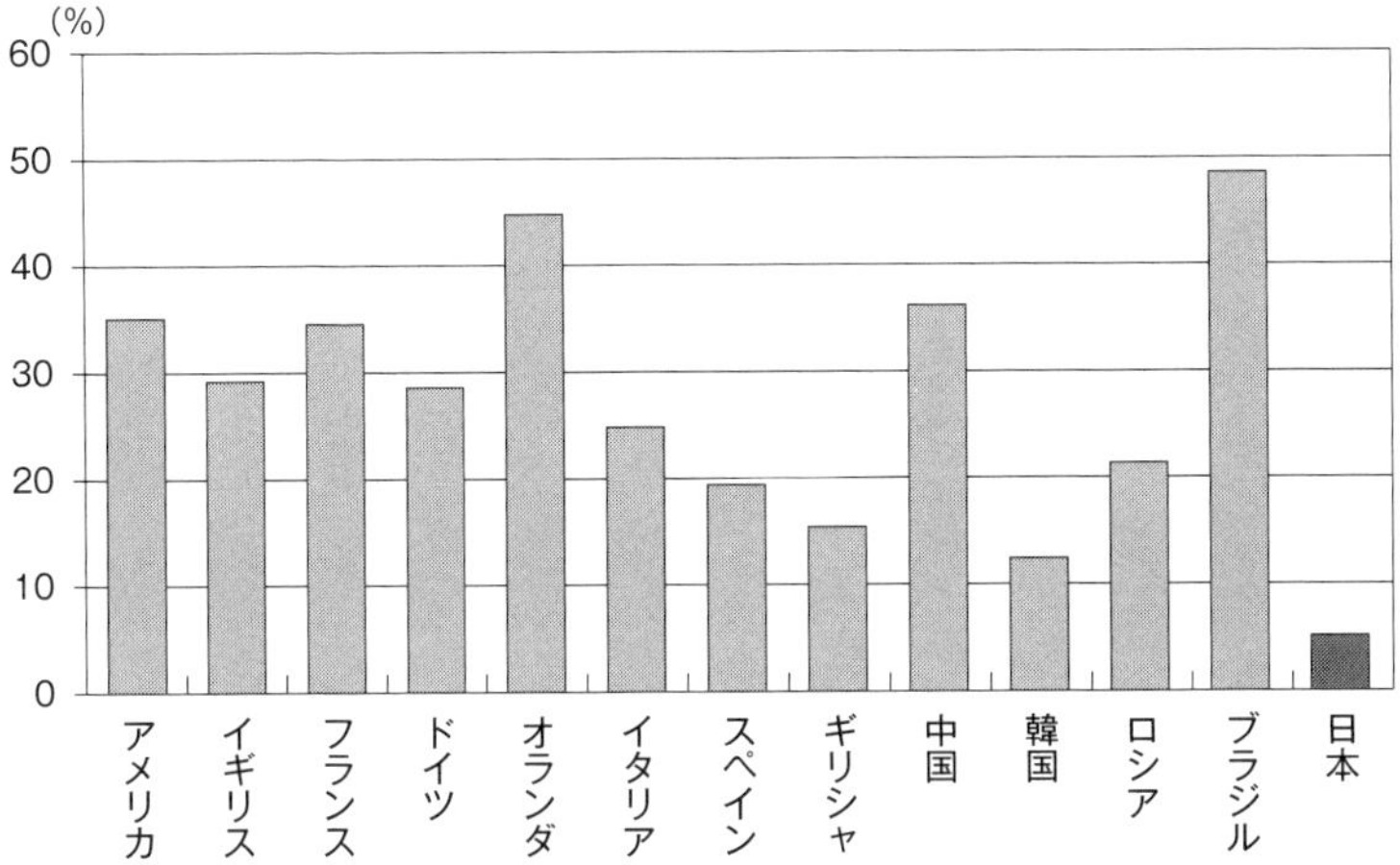

図表2-5　起業をするスキルがあると思うか

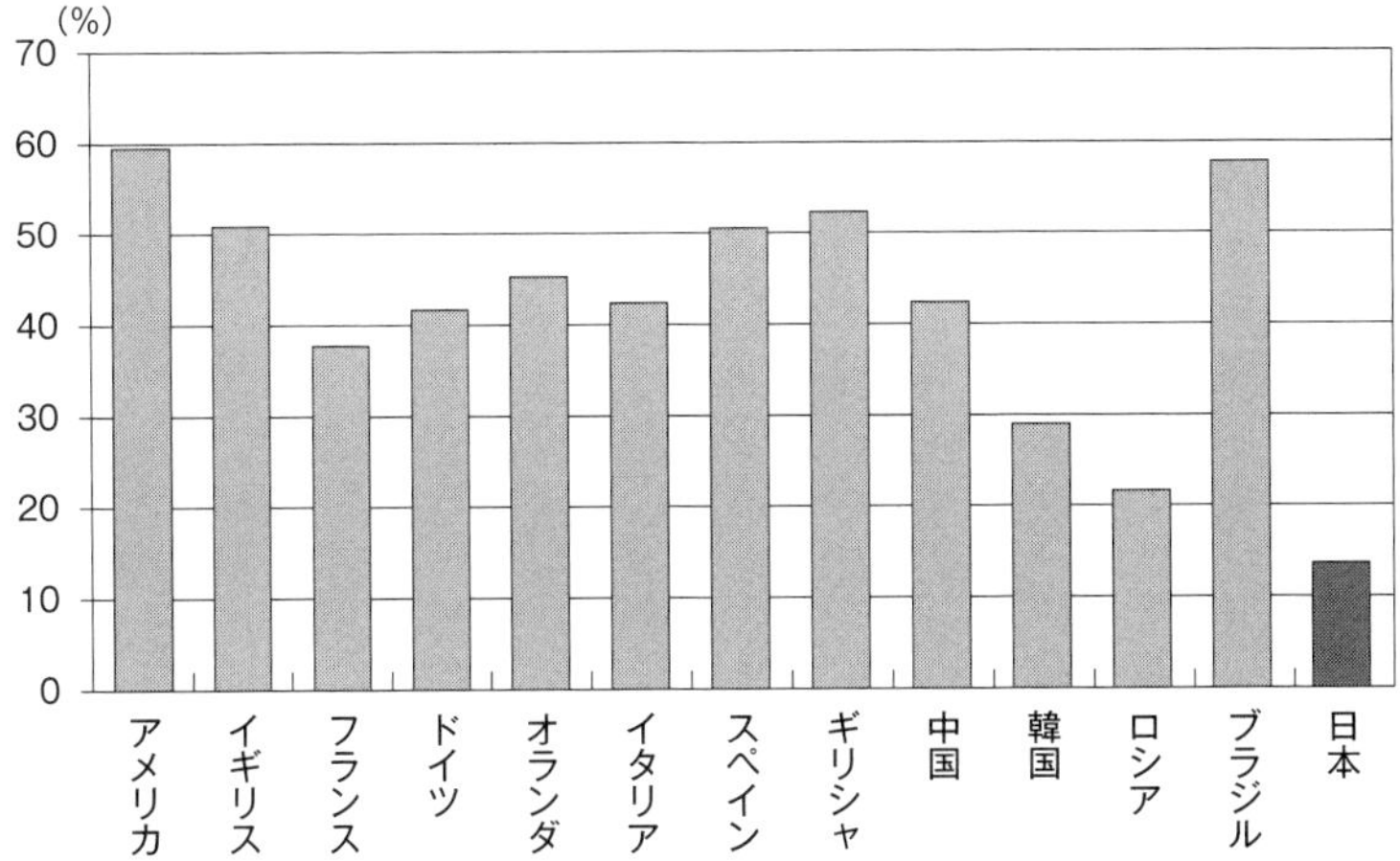

出所：Global Entrepreneurship Monitor「2010 Global Report」（図表2-4、2-5とも）

図表2-6　事業失敗への恐怖

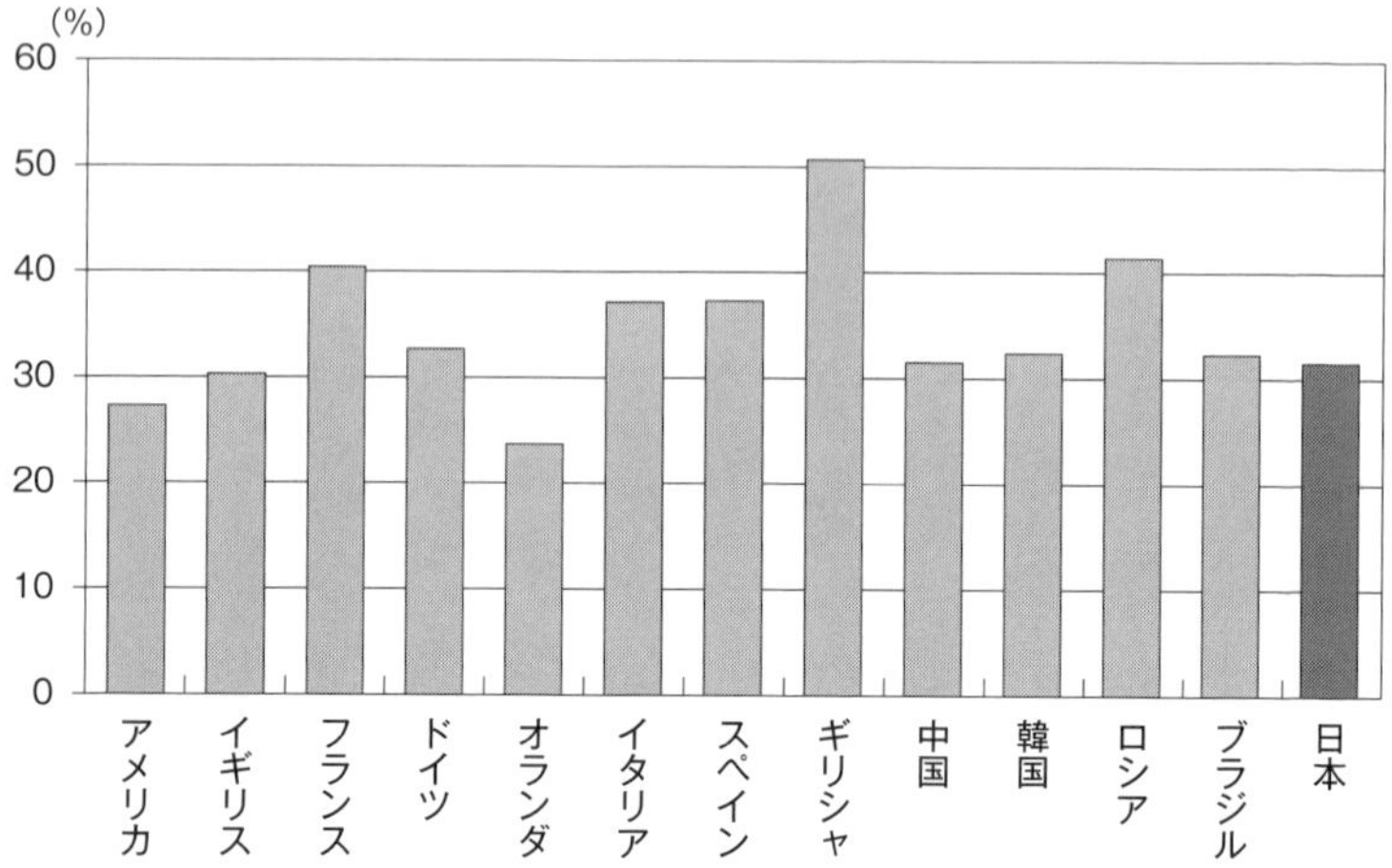

図表2-7　起業を考えているか

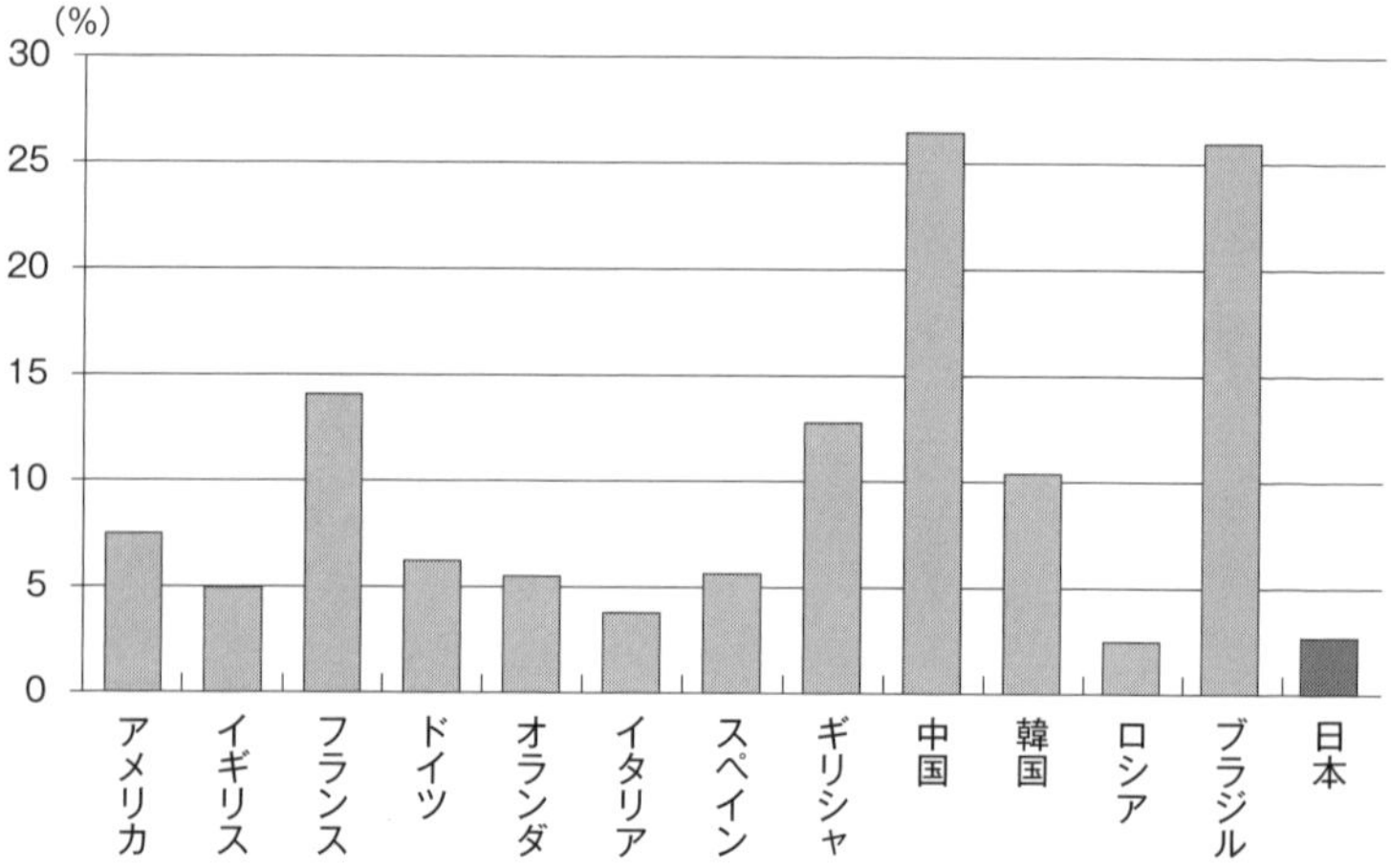

図表2-8　メディアからの評価

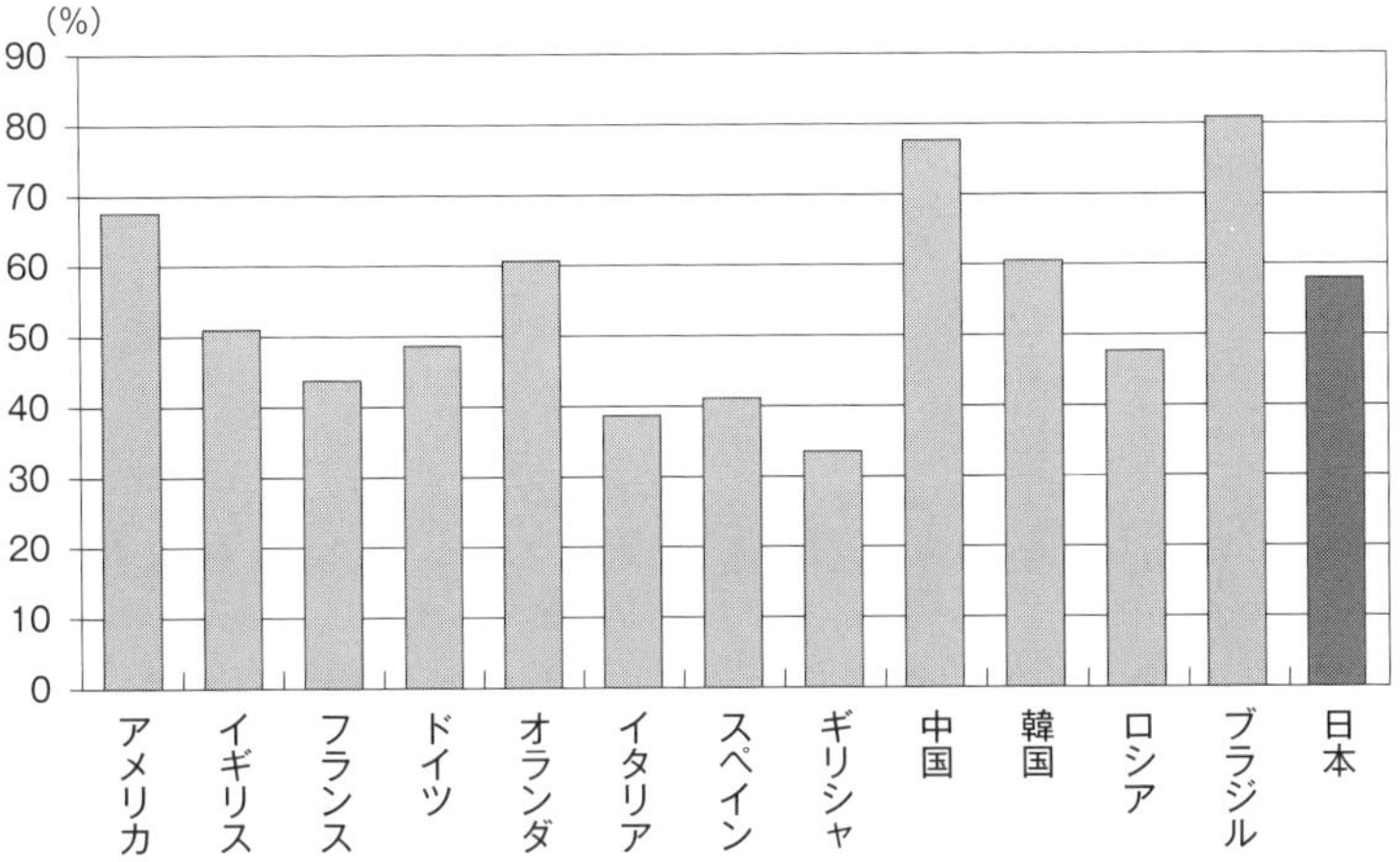

出所：Global Entrepreneurship Monitor「2010 Global Report」（図表2-6～2-8ともに）

は一体なにがあるのでしょうか。

先に紹介した、GEMが２０１０年に世界54カ国を対象に行った起業に関する意識調査（図表２－４～２－８）から面白い傾向が見て取れます。これらの調査結果を見ると、起業に対する意識や考え方という点では、現在の日本は非常に保守的な国であることが分かります。

起業のチャンス自体が少ないと捉えており、自分自身の経営能力やスキルに対する自己評価も非常に低く、起業はリスクが高い上、たとえ成功しても社会的なステータスが得られるわけではないので、起業という選択肢を積極的に取ろうとはしない、日本人気質ともいうべき性向を伺い知ることができます。

とはいえ、起業に対する価値観は時代に

合わせて随分変化してきており、特にITバブルや第三次ベンチャーブームの頃には成功者にならって起業をする人が一旦は増加しました。しかしながら、この不景気になって再び大企業人気が復活しているところを見ると、日本人にとって大企業志向は、民族そのものの中にある生き方の好みといってもいいのかもしれません。

唯一、マスコミの起業に対する関心度のみが世界水準と同等レベルにあり、起業家待望論などの理想論やあるべき論は熱っぽく語られるけれども、元気なのは当事者ではない評論家ばかりという状況で、残念ながら実際にアクションを起こして立ち上がる人が少ないというのが実情です。

多産多死の欧米　少産少死の日本

アクションを起こす人そのものが少ないという事実は、起業活動の失敗率からもはっきりと見て取れます。次の表を見てください。

20ページの図表1－4と次ページの図表2－9を見比べると読み取れるように、起業活動率と休業・廃業率とには高い相関関係が存在します。アメリカやアイスランドは起業活動率が高い一方で、休業・廃業率も高く、発展途上国もまた同じ傾向にあります。前者は起業が盛んなものの、先進国であるだけに成功への壁が厚く、後者は必要に迫られてスモールビジネスとし

図表2-9　休業・廃業率

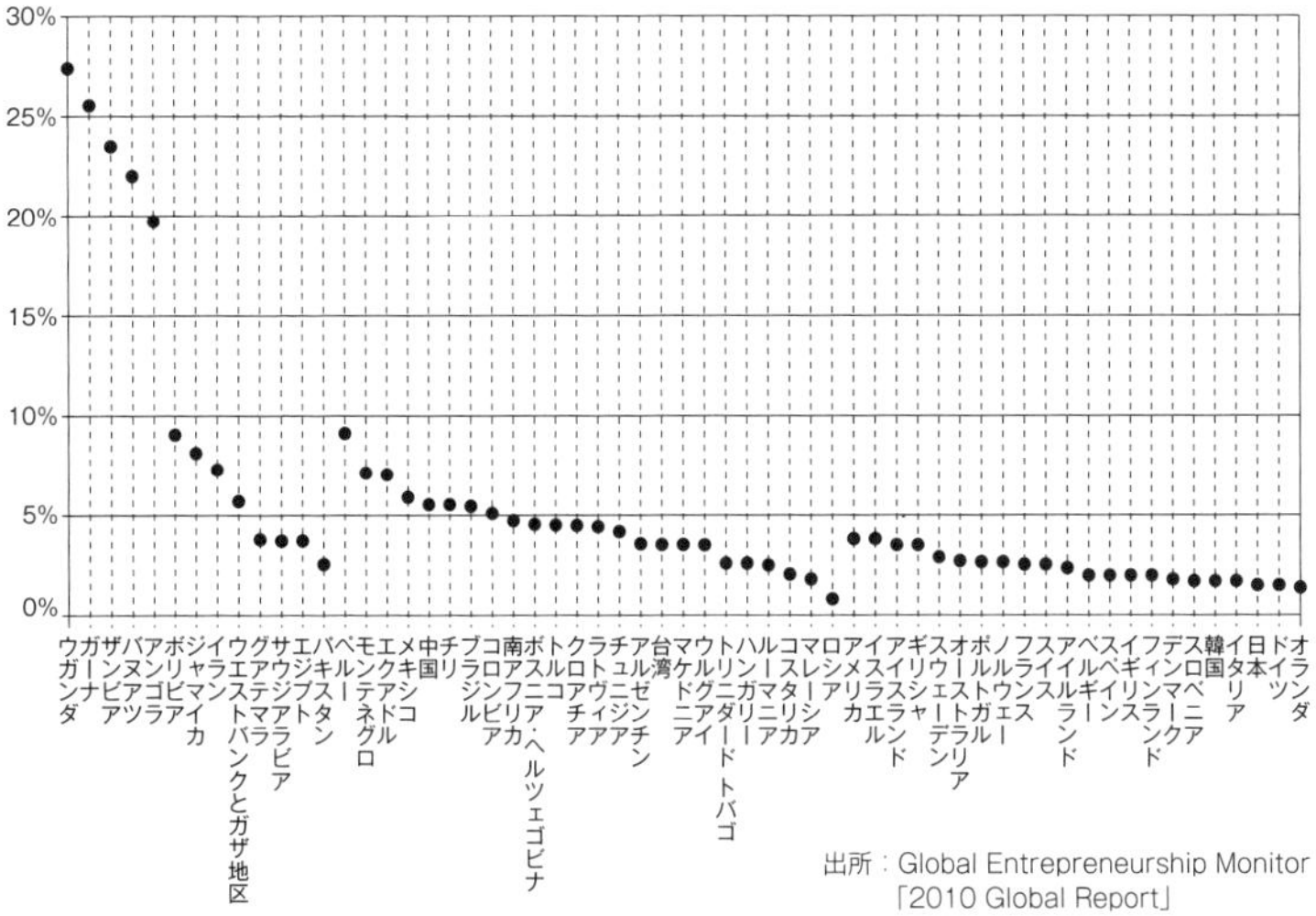

出所：Global Entrepreneurship Monitor「2010 Global Report」

て創業するものの、起業や経営のスキルが未熟なだけに廃業に至りやすいといったところでしょうか。

他方、日本では起業活動率は低く、休業・廃業率も常に1~2%の低水準で推移しており、起業が少なく失敗も少ない、少産少死型であるといえます。

起業家は尊敬されず、資金面でのサポートも低調という厳しい社会環境の中での起業とあっては、アクションを起こすことそのものがハードルとなっているのです。だとすれば、その最初のハードルを低くする、つまり起業へのアクションをしやすくするスキームがあれば、日本のベンチャーは、大いに活気づく可能性があるのです。

では具体的にどういったスキームがあればいいのでしょうか。

この問題を紐解く前に、アメリカのベンチャービジネスのあり方から見てみましょう。

アメリカのベンチャー事情

前述しました通り、アメリカでは「起業できる者こそ一流」という社会通念があり、若者はそうした教育を受けて育ちます。大学ではビジネス系の学科を中心に産学一体が通例で、学生は第一線で活躍する起業家や企業人から、ビジネスの面白さ、醍醐味を直接学び取っていきます。成功者は巨額の報酬とともに社会から高い評価を受け、未来の起業家たちは、そうしたいわばスターたちの様子を間近に目にしながら、学生時代や卒業直後という人生の極めて早い時期に起業します。

そうして出てくるベンチャー企業は、有望と目されたとたん事業計画に対して厳しいデューデリジェンス（企業調査・分析）を受けますが、成長後の巨額の利益を見込んでエンジェルやVCからの潤沢な投資が得られ、必要な資金を調達することができるのです。ちなみにBlippy（購入行動の共有化サービス）はサービス開始後数カ月で約1300万ドル、Quora（Q&Aサイト）もサイトオープン後すぐに1100万ドルの資金調達に成功しています。

こうしたVCは、投資したベンチャーの企業価値を上げることが自らの利益を拡大することとなりますから、資金面ばかりでなく、人材の供給や販売先の紹介等、経営に深くコミットしつつＩＰＯやＭ＆ＡによるＥＸＩＴまで支援します。巨額の利益を得た起業家はそれを元手に再び自ら新事業を立ち上げたり、エンジェルとしてベンチャー投資を行うこともしばしばですので、起業活動がますます盛んになり、社会は活気みなぎるものとなります。

もちろんビジネスを成功させる難しさはアメリカにも厳然として存在します。

１９９４年～２００４年の10年間のインターネット分野の起業家についての調査結果では、アイデアを持っていると自称する２５０万人のうち事業計画公開まで到達できる人材は50万人。この50万人のうち実際にＶＣから資金調達できるのは３０００～５０００人程度、ＩＰＯやＭ＆Ａで高く株式を売ることができる企業となるとさらに少なくなって６００社程度であり、事業を成功させる難しさに日米で際立った差があるわけではありません。

アメリカのベンチャービジネスにおいてさらに注目すべき点は、成功した６００社以外のいわば失敗者たちの経験が高く評価されるところにあります。アメリカではこれらの失敗した人材を大企業が喜んで雇用します。なぜなら、失敗経験は事業を成功させる最高の教材だと考えているからです。優秀な人材が大企業に入らず起業に向かう社会においては、失敗経験のある人材は企業が歓迎する貴重な人材であり、大企業が喉から手が出るほど欲しい人材ともいえるのです。つまり、アメリカでは起業に失敗しても、再起が十分可能な社会システムが構築されているということなのです。

図表2-10　VCが投資額を増やす計画の投資先の成長段階

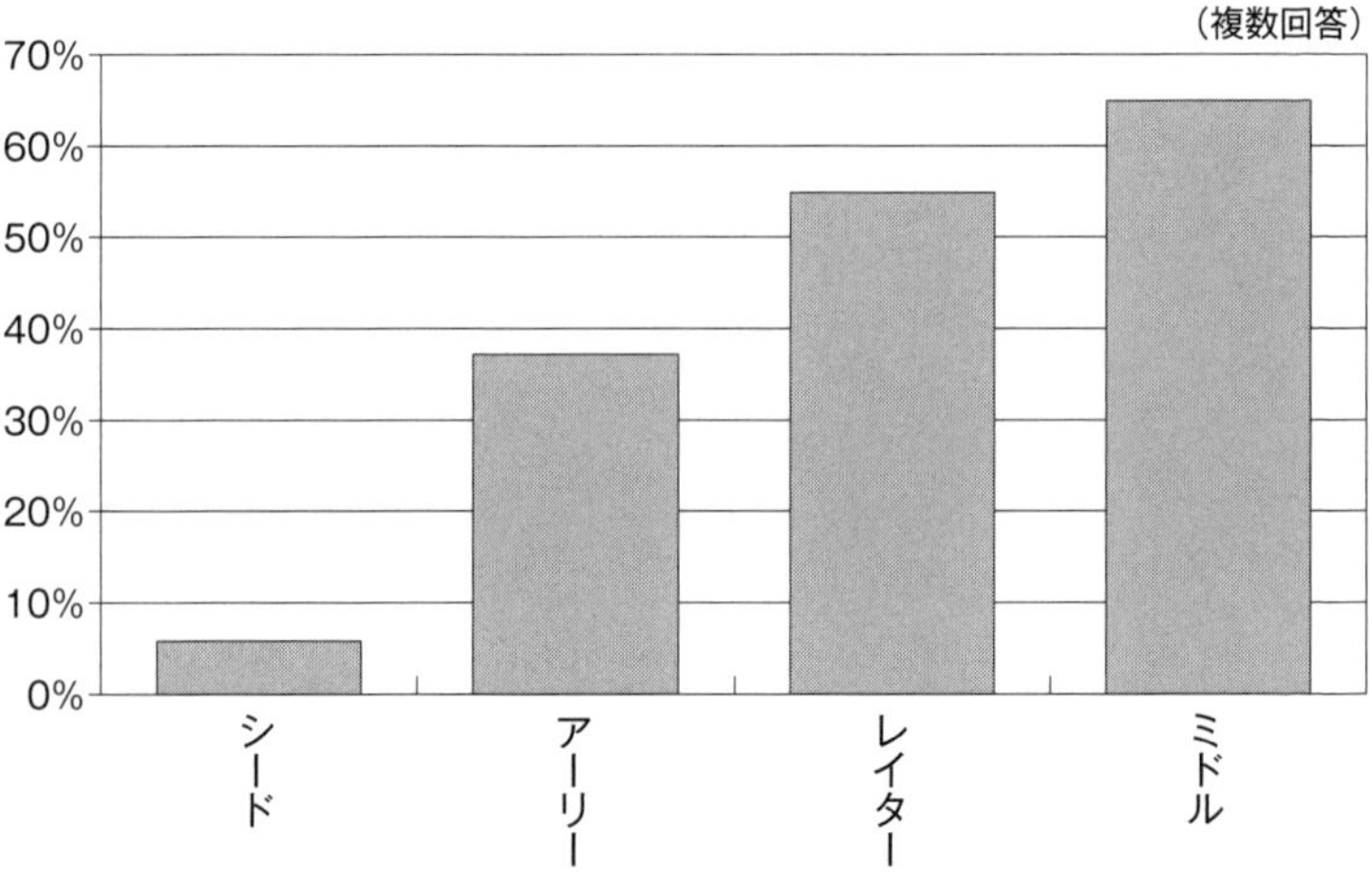

出所：2010年7月7日　日経産業新聞　※日本の主要VC20社への調査より

一度失敗したら負け犬の日本

では日本での起業はどうでしょうか。

大企業への就職こそ最善の選択とする社会通念のもと、学校を卒業後、自分で起業する者は、良く言われて変わり者、企業に属せない成らず者、就職がかなわなかった落ちこぼれ、とマイナスなイメージで見られることも少なくありません。

こうした偏見をものともせず、ベンチャーを立ち上げたとしても、IPOを主なEXITとする投資モデルでは、海の物とも山の物ともつかない「シード」や「アーリー」ステージのベンチャー企業には、エンジェルやVCも集まらず、ビジネスがほぼ軌道に乗った後の「ミドル」や「レイター」ステージになって、漸《ようや》く外部資金の調達が可能になるというのが大半です。それでも起業に賭けようとすれば、経営者が自らの財産を拠出し、気合いと根性で孤軍奮闘するしかありません。家屋敷などは担保に取られ、失敗すれば財産のすべてを失い、社会的地位も失墜し、再起が困難な状況に陥る例は数知れません。こうしたハイリスク・ハイリターンの中では、若者が起業を望まず、大企業への就職に志向が傾くのもむべなるかなという状況です。

創業者もメンバーの一人のアメリカと経営者が居残り続ける日本

また事業が成功したとしても、それはそれでまた別の課題が発生します。

日本で成功した起業家はそのまま代表として居座り、経営の実権を握り続けるのが普通です。つまり日本では、ＩＰＯを果たして一つの企業の経営者となることが「双六の上がり」、すなわち最終的な到達点なのです。

これには憂慮すべき問題が含まれています。

起業をする能力と企業を成長させる能力には上下こそないものの、まったく別物です。創業者がどんなに起業の能力に優れた人材であったとしても、会社をさらに成長させる能力にも優れているとは限りません。おまけに日本ではベンチャーを志向する人材が少ないため、サポートする人材も創業者とたまたまかかわり合いがあった人に限定されがちな傾向にあります。すなわち、会社をさらに成長させる上での最適人材が配置されているケースは非常に稀《まれ》だということです。華々しく上場したものの、その後の業績は泣かず飛ばずという日本企業によく見られる現象は、こうしたところに一因があるのです。

一方、ＶＣのＥＸＩＴがＩＰＯに依存しているということは、裏を返せばＭ＆Ａが極めて少ないということを意味しており、実はここにも見過ごせない問題が隠されています。

VC、ベンチャーの双方に利を生むM&A

51ページの図表を見てください。

アメリカではＶＣ投資のＥＸＩＴはＭ＆Ａが圧倒的に多く、日本で主流のＩＰＯは全体の僅か15％弱に過ぎません（２０１０年実績）。このＭ＆Ａ中心のＥＸＩＴ戦略は、ＶＣと起業家の双方に大きなメリットをもたらします。

まずＶＣにとってＭ＆ＡはＩＰＯとは異なってコストが低く安上がりで、その上、投資から回収までの期間も短くすることが可能となるため、魅力的な投資の出口であるという点です。

Ｍ＆Ａが多いということは、大企業の多くが成長戦略の実現の手段として、自ら手間暇をかけて新規事業をつくるのではなく、その役割をベンチャー企業が担っているということなのです。なにもかも自社で開発しようとし、時には「車輪を再発明しようとする」と揶揄《やゆ》されるこ

図表2-11　米国のVCの支援を受けているベンチャーのEXIT実績

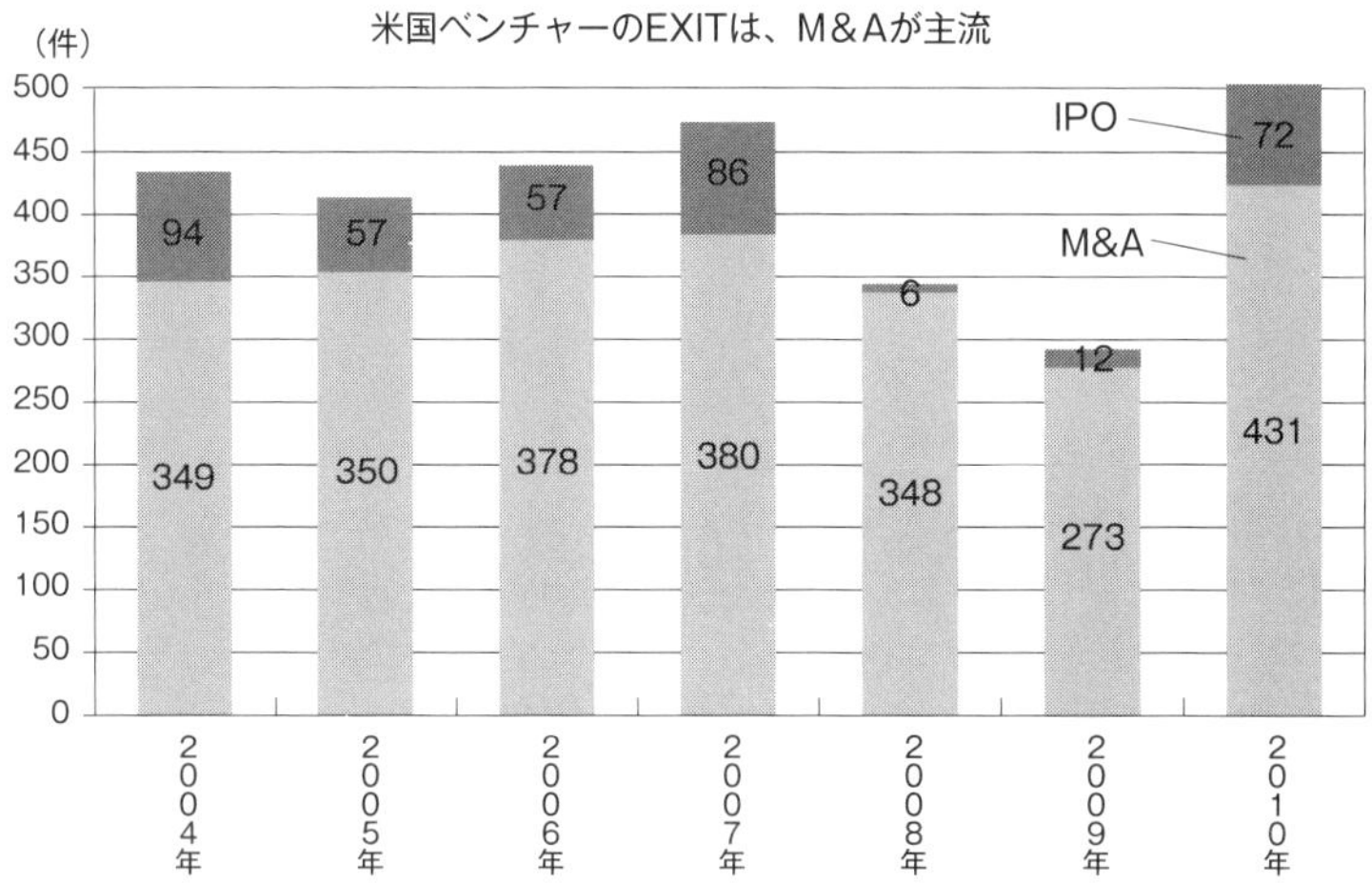

出所：National Venture Capital Association「Venture Backed Exits Q1 2011」

とも多い日本の企業と、なんと異なることでしょうか。

またベンチャーが大企業に買収されれば、その資産を活用することで、よりスピーディーな成長が見込めます。これにより投資したベンチャーの価値が高まり、持ち株を残していれば、その株式価値は上昇し、VCには継続的な配当所得や、さらに持ち株の残りを売却することにより繰り返し利益を得ることも可能です。こうしたことが、アメリカでは投資の出口としてIPOよりM&Aが好まれる理由でしょう。

またM&Aは、もう一方の当事者であるベンチャー企業にも大きなメリットをもたらします。

第一には事業構築に比較的ゆったりと、腰をすえて取り組めるという点でしょう。

投資のＥＸＩＴがＭ＆Ａ主流のアメリカでのＶＣ投資は、数百億円規模のファンドを設立し、通常は運営期間が10年程度。投資は２、３年で終えますので、ベンチャーは７年程度の時間をかけて成果を出せばよいわけです。

では投資のＥＸＩＴがＩＰＯ中心の日本ではどうなのかというと、数十億円規模のファンドからの投資はベンチャー１社につき多くても１億円程度。成果を出すまでに与えられる時間も４年程度といわれています。つまり日本ではベンチャーが成果を出すために与えられる資金規模が小さい上に、ＶＣからは早急な資金回収、すなわち現状ではＩＰＯを目指すことが求められるのです。

ちなみに日本のベンチャーでは社員の徹夜残業は日常茶飯事ですが、アメリカ西海岸では午後６時には社員全員が退社する場合がほとんどであり、その裏にはこんな事情が隠されているのです。

日本も成長戦略の中核にＭ＆Ａを

こうしたＭ＆Ａ中心のＥＸＩＴ戦略は、企業経営者のあり方にも大きな影響を与えます。シリコンバレーを例に取ると、まずは創業者が必ず社長になるとは限りません。ＶＣが調達してきた百戦錬磨の経営者の社長就任を、創業者が喜んで迎えることもしばしばです。

たとえば、Googleはスタンフォード大学の学生であったラリー・ペイジによって創業された企業ですが、従業員が２００名程度だった２００１年４月まではＣＥＯ（最高経営責任者）を務めていたものの、７月にはその役をノベル社の経営者として脂ののりきっていたエリック・シュミットに譲っています（２０１１年４月ラリー・ペイジがＣＥＯに復帰。エリック・シュミットは会長に就任）。自社に辣腕《らつわん》の経営者を迎えることでさらに発展拡大しようという戦略です。このようにアメリカでは、創業者であったとしてもチームの一員であるとする適材適所の考え方が、創業者本人始め、ＶＣや従業員にも行き渡っているのです。

また起業と成長ステージの分業化ができている社会では、起業家は自ら選択して起業に集中、ビジネスを起こし成功させる醍醐味とその成果を繰り返して味わおうという、「シリアルキラー（連続殺人鬼）」ならぬ「シリアルアントレプレナー（連続起業家）」と呼ばれる人材も少なくありません。ネット決済最大手PayPalの創業者で、バイアウトで得た資金をもとにその後宇宙開発ベンチャー「スペースＸ」や電気自動車ベンチャー「テスラモーターズ」を創業したイーロン・マスクは、そうした人物の代表例ということができるでしょう。

こうしたＭ＆ＡによるＥＸＩＴを成長の中核にすえた戦略、そして日本人には一見ドライに見える事業へのマインド、そしてそこから生まれる起業の再生産こそアメリカ経済の活力の根源といっていいでしょう。言い換えるとＭ＆Ａを嫌う経営者のウエットな志向、そこからくるＩＰＯ主体のＥＸＩＴが、日本ではＶＣからの投資が低調で、なおかつベンチャー自身が再生産できない大きな要因となっているのです。

運命共同体（ゲマインシャフト）の日本と利益共同体（ゲゼルシャフト）の欧米

「企業は誰が経営するのか？」といった問題を突き詰めると、日本人と欧米人のビジネスに対する視点の違いにまで行き着きます。

日本企業の特徴の一つであった年功序列・終身雇用は、いわば企業を一つの疑似家族に見立てた運命共同体でした。父親ともいうべき社長のもと一致団結、社員の給料は横並びの上、たとえ無能な社員であったとしても年齢を重ねるとともに昇進・昇給し、定年まで雇用されます。社長はどんなに優秀であっても、欧米の経営者と比べ収入はかなり低いのが実情であり、社長から昨日入社した新人までが家族なのだから全員が平均して手厚く、社長であれ飛び抜けた収入はおかしいという考え方なのです。

一方、欧米企業は完全な利益共同体というべき存在です。利益を追求する集団なので、付加価値の低い仕事にはそれに見合った給与しか与えられません。また利益を追求するために、リストラなどで不要になった社員、成果を出していない社員は情け容赦なくレイオフされます。

一方、企業が大きな利益を上げれば、経営者はそれに見合った高額の報酬を手に入れます。その報酬に見合った成果さえ上げてくれるのであれば、株主としてはたとえ数億円、数十億円払ったとしても十分ペイするという考え方です。

その逆もしかりで、運命共同体では社長（父親）はたとえ結果が出せなくても社長（父親）であることが許されますが、利益共同体ではそうはいきません。結果を出せない社長は、すぐさま株主から交代させられてしまいます。

創業社長が居残り続ける日本と、創業社長ですら適材適所で入れ替える欧米企業との違いは、こうした利益共同体である欧米と運命共同体である日本との会社に対する考え方の違いからくるように思えます。

とはいえグローバル化のもとでは日本企業も欧米型に近づきつつありますし、近づかざるを得ません。そして日本のベンチャーも、こうしたグローバルな視点から会社経営を考えることが必要なのです。

失敗体験が活用されない日本

「失敗は成功のもと」とし、新たな事業の成功確率を上げる手段として、起業に失敗した者を歓迎するアメリカ企業と、失敗体験を活かそうとせず負け犬として排斥する日本企業。失敗を許さない日本の精神的風土は、日本経済そのものにも間違いなく多大な悪影響を与えています。

資金的にも社会的にも再チャレンジを許さない精神的風土のもとでは、経済の活性化に不可欠な起業活動そのものが低迷するのは当然の帰結でしょう。日本経済が元気を取り戻し、再び活力あるものとなるためには、失敗体験を活かせる環境の創造が必要不可欠なのです。

その方法の一つは、日本の中にも失敗者を喜んで受け入れる精神的風土を作り上げていくことでしょう。移民の国であり、同僚が自分とはまったく異なる民族や宗教、生活習慣を持っているのが当たり前のアメリカと違い、均一化したものを求め、突出したものを嫌う日本では、失敗者は成功者と同様に目立ち、ある意味異質な存在です。外国人労働者の受け入れにすら戸惑う企業がまだまだ多い現実と、日本経済の待ったなしの危機的状況を踏まえると、失敗者という異質なものを受け入れる精神的風土が自然に育つのを悠長に待っている時間的余裕などありません。

もう一つの方法は、失敗者を受け入れるスタートアップスキームそのものの構築です。スタートアップに積極果敢にチャレンジし、結果がたとえ失敗に終わったとしてもその経験をもとに再チャレンジできるスタートアップスキーム。スタートアップを「一か八か」「オールオアナッシング」の「賭け」ではなく、一つのプロジェクトとしてチャレンジできるシステムづくり。こうしたいわば「ミドルリスク・ミドルリターン」ともいうべきスキームがあれば、スタートアップは今よりずっと取り組みやすいものとなるでしょう。

そしてこれこそが、この課題の現実的解決法のように思えます。

「出るベンチャー」を打つ日本

失敗を決して許さない日本。では成功すれば万々歳かというと、そうとも言い切れません。運良く大成功を収めたとしても、そこにはまた同様の問題が控えています。卓越した才能を許さない、「出る杭《くい》は打つ」という精神的風土です。

２００６年1月に証取法違反の容疑で起訴され、２０１１年4月に実刑が確定したホリエモンこと堀江貴文元ライブドア社長は記憶に新しいところです。堀江氏が法に抵触したことは責めに帰するべきですが、かつてのベンチャーの雄・堀江氏へのバッシングには、法への抵触そのものよりも、ニッポン放送株を巡る強引な買収劇や、彼の神経を逆なでする派手な言動への日本社会の反発が存在したように思えます。

そしてかつて復興の兆しを見せながらも再浮上できなかった現在の日本経済の低迷は、こうした「堀江つぶし」や、もの言う株主として世間を賑《にぎ》わせた「村上（ファンド）つぶし」などに見られる成功者への嫉妬など、「出る杭は打つ」という精神的風土にありと考え、検察やそれを煽《あお》るマスコミを非難する起業家や経営者は、少なくないのです。

才能ある者が傑出したリーダーとなり、周辺がそれに従うという文化が根ざすアメリカと、皆が平等の立場で、協働するという文化が根ざす日本の差は、太古からの民族性を育んだ狩猟民族と農耕民族という起源から来ているのではないでしょうか。

また、一神教であるキリスト教国であるアメリカと、神様、仏様などや八百万の神を信仰する日本の宗教観も大いに影響しているのでしょう。つまり唯一の絶対神を敬うように、才能ある人材を盛り立てていけるアメリカと、ありとあらゆるところに神がいるのと同じで、すべての人の考えを尊重する日本とでは、理想とする経営者のイメージにも大きな違いがあるのです。

決して堀江氏や村上氏の法への抵触を肯定するわけではありませんが、アメリカを始めとする欧米と日本とでは、起業家そのものへの評価に対して歴然とした差があるのは事実です。日本特有の「出るベンチャーは打つ」という精神風土は褒められたものではありませんが、かといって古来からの民族性や宗教観に根付いたものであるとするならば、一朝一夕に改善される性質のものではありません。

その中でベンチャーを盛んにし、日本経済再生を図るにはどうしたらいいのか——?

そこへのアプローチを第3章以降で詳述していきますが、一つはこれから起業する新しい事業に求められるビジョンやビジネスモデルを考える基準となる「マーケットアウト」という発想と、もう一つはそれを会社として育成するための「スタートアップファクトリー」という日本や日本人にアジャストした新しい起業の方法を実践することにあると考えています。

第3章

元気を出せ日本！ 事業創造のイノベーション
マーケットアウトという発想

高度経済成長を支えたプロダクトアウト

産業創造の方向性への最高のヒントとなり、「スタートアップファクトリー」による創業のベースとなるもの。これこそが「マーケットアウト」という発想です。

マーケットアウトとは、マーケティング用語のプロダクトアウトの逆を意味する私たちの造語です。ご存じの通り、企業がモノを作り、その後それをどのマーケットに投入するかを決定することをプロダクトアウトといいますが、その正反対の発想であるマーケットアウトでは、ビジネスの起点そのものをマーケット（顧客）に求めます。そしてマーケット起点で構築したビジネスを、我々はマーケットアウトビジネスと定義づけています。

では従来型のプロダクトアウトビジネスとマーケットアウトビジネスは、具体的にどう違うのでしょうか。一番の違いは前述した通り「何を起点にビジネスを発想しているか」にあるといえますが、まずは従来型のビジネスとはどういうものであったかを見ていきましょう。

戦前戦後から現在に至るまでのビジネス、つまり既存のビジネスは、作るモノ・売るモノありきで発想されてきました。モノがまったくなかった時代、あるいは高度経済成長のもと、みんながモノを求めていた時代にはそれはあって然《しか》るべき発想で、「持っていない人が買う」と

図表3-1　プロダクトアウト

「供給する側の立場からビジネスを発想・構築し、顧客に売り込んでいく」

キーワード「商品・サービスをいかにして売り込むか」

いう消費行動が前提となり、どんなモノでも作れば実によく売れたのです。

「まずモノありき」の発想は、企業の事業そのものの流れにも強く表れています。

既存のビジネスにおいて最初に決定されることといえば、「どんなモノを作るか・どんなモノを売るか」です。売るモノ・作るモノを決定するシーンにおいては、自社開発の技術を活かすとか自社工場を活用するなど、往々にして生産者（供給者）側の都合が優先され、顧客ニーズは二の次とされていました。本格的に顧客（マーケット）に目を向けるのは作ったものをどこに、誰に売るかを決める段階から、というのが一般的です。つまりあくまでも生産者の立場からマーケットを見ているのです。

この傾向は製造業にとどまらず、商品を

売る百貨店やスーパーマーケットといった流通業も例外ではありません。こうした供給する側（企業）からビジネスを発想・構築し、顧客に売り込んでいくスタイルがプロダクトアウトビジネスです。

マーケットアウトの発想が日本を救う

ではマーケットアウトビジネスとはどういうものでしょうか？

マーケットアウトの発想のもとでは、優先されるのはマーケット（顧客）そのものです。企業はマーケットが本当に求めていることに基づいて商品やサービスの開発に着手します。事業創出の起点も事業の流れそのものも、プロダクトアウトビジネスの正反対の位置から出発するのがマーケットアウト・ビジネスなのです。

つまりプロダクトアウト・ビジネスが「売る」ことに重きを置いた営業型事業であるならば、マーケットアウトビジネスは、ニーズに「応える」開発型事業と言い換えることができます。またマーケット（顧客）が本当に必要としているモノやサービスを創り出すことに重きを置いた発想だけに、高い収益性を生み出すこともできます。その結果、ビジネスの持続的な成長も可能となるのです。

これがマーケットアウト発想への転換を勧めている理由ですが、心に留めておいていただき

図表3-2　マーケットアウト

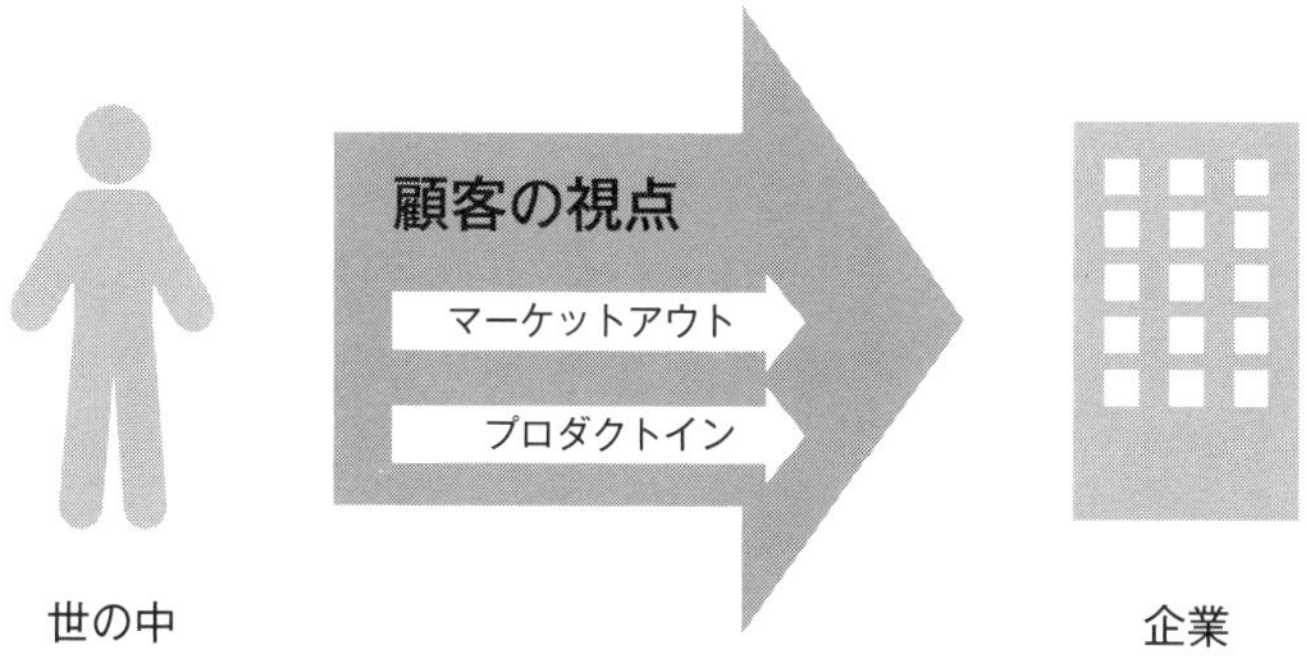

「世の中が求めているモノやコトを、消費者の視点から生み出していく」

キーワード　「世の中は何を本当に求めているか」

たいこともあります。プロダクトアウトの発想を否定するわけではなく、両者はそもそも発想の順番は逆でも、共存していくものだということです。

かつてソニーは「ウォークマン」という画期的な商品を開発し、街中で音楽を聴くというスタイルを生み出しました。これはまさにプロダクトアウトな発想が大成功を生み、マーケットそのものをつくり上げてしまった例ともいえます。

ですが時代の趨勢《すうせい》は、消費者が独自の基準で価格や必要なモノやサービスを選別して購入する方向へと変化しています。プロダクトアウトの発想のもと、市場そのものを生み出そうとする志の高さは賞賛されて然るべきですが、マーケットのニーズから始まらないプロダクトアウトビジネスでは、それが本当に必要とされるか分からず、事業の成功確率が低くなってしまい、資金や時間も多くかかってしまいます。

資金力などのリソースに劣るベンチャーが目指すべきなのはどちらなのか――。

答えは一目瞭然でしょう。

小さな商社ミスミを上場させたマーケットアウトの底力

事業の起点を供給側からマーケット（顧客）に移すと、自ずと事業構造も大きく転換します。それどころか業界のリーディングカンパニーに躍り出ることも可能です。その実例をミスミのケースを例に紹介したいと思います。

ミスミのマーケットアウト化、すなわちプロダクトアウトビジネスからマーケットアウト・ビジネスへの転換は、部品メーカー側からマーケット側に立ち位置を転換することから始まりました。

ミスミは金型部品の販売をする商社・三住商事株式会社を前身として、1963年に誕生した企業です。当時は従業員10名程度の小さな商社で、役割といえば、自動車や電機メーカーなどの顧客に対し、金型部品メーカーに代わって商品を売ること、つまり販売代理店でした。それをマーケットアウトの発想で、金型部品メーカー側からマーケット側に立ち位置を変えたことで、ミスミの役割はマーケットに代わって必要なモノを調達する（買う）、つまり購買代理店に変化したのです。

購買代理店になったことでミスミが担うべき責任はメーカーの商品を「売る」からマーケットが必要なものを「買う」へと180度転換しました。マーケットアウトの発想がきっかけとなって常識を覆す新しいビジネススタイルが誕生したのです。

それまでの金型部品は、自動車や電機メーカーといった顧客ごとに、金型部品メーカーがそれぞれカスタム仕様で製造するのが通常でした。ところが、各顧客に話を聞いてみると、同じような仕様の部品が使われていました。そこで、ミスミではそれらの共通仕様をまとめ、標準化を行いました。標準化することによって商品を定価で提供することが可能となり、そして標準化や定価販売によって、カタログによる販売が可能になりました。さらに、カタログ販売が可能になることで、価格交渉や商品を売り込む営業マンが不要になり、その結果、流通構造が革新的な変容を遂げ、流通コストも格段に削減できるようになりました。営業マンは、これまでの商品を売り込むことに代わり、顧客のニーズやクレーム、リクエストといった情報を収集することが仕事になりました。それまで売るためにかけていたコストは顧客が欲しいものを知るためのコストへと変化し、ミスミの「営業マンがいない商社」という非常にユニークなビジネスモデルが生まれたのです。

これはミスミが顧客としていた各メーカー側にも大きな付加価値を提供しました。なぜならば流通コストのカットにより部品が安く調達できるだけでなく、ミスミはさらにモノづくりの工程にも画期的な仕組みを導入したからです。部品を半完成品の状態で在庫し、顧客の注文があってから最終工程を仕上げるというハーフメード方式を採用することにより、部品1個、注文から3日で納入できるようになりました。その結果、メーカーは自社で在庫を抱える必要がなくなり、在庫の場所や管理の為のコストが不要になったのです。またメーカー側の設計方法にも変革をもたらしました。それまでメーカー側で製品の設計をする際には部品もその都度設計していましたが、標準品化することにより設計工程が不要になり、設計者の働き方にまで変化を及ぼすこととなったのです。

こうしたマーケット起点の発想から、自社のビジネスモデルはもちろんのこと、部品サプライヤーや、ひいては顧客側のサプライチェーンや働き方までをも変革してしまうということこそが、マーケットアウト発想の驚くべき力なのです。

この発想にはもう一点重要なポイントがあります。既存の大手商社がミスミのビジネスモデルを真似することができないという点です。なぜならカタログで商品を販売することは可能ですが、すでに多くの営業マンと多くの販売代理店を抱えているため、そうした体制を変えるには大変な痛みや抵抗を伴います。また、部品サプライヤーにおいても、製造設備や熟練労働者の仕事のやり方を見直さねばならず、そこには大変な労力を伴います。

後発の一商社・ミスミが組織力、資金力のいずれをとっても太刀打ちできない大手商社を相手に東証一部上場企業となるまでの確固たる地位を築けたのは、マーケットアウトの発想に基づき、マーケットに従来とは異なるまったく新しい価値、つまり絶対的付加価値を提供できたからなのです。

プロダクトアウトでの成功体験に引きずられるな

前項で紹介したように、マーケットアウトビジネスを創出することができれば後発であっても一気に業界で確固たる地位を築き上げることは可能です。しかし、マーケットアウトを徹底するのは、口で言うほど簡単ではありません。

その理由は、私たちがプロダクトアウトの発想に慣れてしまっていることにあります。

前述した通り、戦前・戦後に誕生した日本の産業は、ほとんどがプロダクトアウトの発想に基づいた産業構造になっています。常にプロダクトアウトビジネスの中で仕事をしていますから、知らず知らずのうちにプロダクトアウトの考え方が染み付いているのです。それゆえ、事業を考える時、プロダクトアウトの考え方に引っ張られてしまうことが往々にしてあるのです。

マーケットアウトの発想で事業を創出したはずなのに、事業を進めるうちにいつの間にかプロダクトアウトビジネスになっていた、ということが起こってしまうのです。

こうした事業化の過程でプロダクトアウトの罠に陥る危険性は、すでにマーケットアウトの発想を取り入れ、恒常的にマーケットアウトビジネスを手がけている企業でも例外ではありません。

これまで述べてきたたように、日本企業の再生はいかにマーケットアウトの発想で創造された事業が多く輩出されるかにかかっています。そのためにはプロダクトアウトの罠にかからないことが肝心です。実はそのための指針となるキーワードがいくつかあります。このキーワードに基づいて事業プランを考えたり見直したりする習慣をつけることで、マーケットアウトを徹底することが可能です。

マーケットアウトのキーワードその1 「マーケット起点」

マーケットアウトに基づいた事業創出をする過程で常に意識すべきキーワードが5つあります。マーケット起点、購買代理店、オープンポリシー、持たざる経営、クロスファンクショナルの5つです。これら5つのキーワードは事業創出ばかりでなく、マーケットとは何かを深く理解するためにも大いに役立ちます。

まずはその最初にして最大のキーワード、「マーケット起点」から見ていきましょう。

マーケットアウトビジネスがマーケットありき＝マーケット起点のビジネスであることは前述の通りです。ではここでいうマーケットとは、どのようなものなのでしょうか？

私たちはこれを、「マーケット＝ターゲット×ニーズ」と定義しています。

ターゲットとは特定の顧客の集団、ニーズとはターゲットが抱えている不便や不満等と言い換えることができます。マーケットアウトビジネスはマーケット起点の事業ですから、まずマーケット、つまりターゲットとそのニーズをセグメントすることが何よりも肝心です。

セグメントされたマーケットはあらゆる意思決定の基準です。事業を考える際は、常にマーケットに立ち返り、ターゲットのニーズに応じた事業になっているかどうかを確認することが欠かせません。マーケットを基準に判断することで、マーケットアウトを徹底することができるのです。ではマーケットは、どうすれば絞り込むことができるのでしょうか？

BtoB市場では、顧客（企業）の最大のニーズは収益アップに直結するものなので非常に明確です。ニーズが明確である分、ビジネス構築もしやすい市場であるといえます。前述のミスミの事例を見てもわかる通り、BtoB市場であればこそ、いいモノを安く、速く、確実に届ける仕組みを提供するというビジネスモデルは、ストレートに企業収益につながるため、合理的に考えるメーカーにとっては極めて受け入れやすい内容でありました。

しかし、顧客が一般消費者となると、それほど単純にはいかないでしょう。

ＢtoＣ市場は好き・嫌いがまかり通る情緒的な世界です。いくらいいモノを安く、速く確実に届けられる仕組みを提供しても、好きでないモノ、嫌いなモノは売れません。また、消費者が自身のニーズに明確に気づいていないケースが大半であり、そうした潜在的なニーズを掘り起こすことが重要です。そして、そうした消費者の真のニーズともいうべきものは、消費者と同じ立場に立つことでしか発見できないのです。

それでは、具体的にどのように発想をしていけば良いのでしょう。たとえば顧客がどのようなことに困り、どのような点に不便を感じているのか――。それを意識してみるだけでも様々なことが見えてきます。顧客のニーズを発見したら、今度はどのようなソリューションが提供できるのか、といった具合に考える習慣をつけることで発想力を鍛えることができるのです。

ターゲットニーズのセグメントと、そのニーズに応えるソリューションがビジネスモデルの基礎となるのです。意識してニーズを掘り下げる目を養うことが、成功するマーケットアウトビジネスの第一歩ということができます。

マーケットアウトのキーワードその2 「購買代理店」

「売る」という発想そのものを転換することも、マーケットアウトビジネスには必要です。

前項で述べた通り、私たちにはプロダクトアウトの考え方ややり方が染み付いています。

「モノを売る」、という発想もまた然りです。

つまり顧客が本当に欲しいと思っているモノであれば、営業マンが一つひとつ売りに行ったり、アフターフォローといったサービスを付加したりしなくても売れていくはずなのです。マーケットアウトビジネスが目指すのは、特にＰＲや宣伝活動といった販売促進活動をしなくても口コミで広がっていく、そんな自己増殖的に成長する事業です。

自己増殖的に成長する事業を作るには、オリジナリティのあるモノやサービスが必要です。「そんなモノやサービスがあるものか！」という声が聞こえてきそうですが、実はそういったモノやサービスは、すでに顧客の中に存在しているのです。それが購買代理店という考え方です。

購買代理店とはミスミの例でも説明したように、モノやサービスを売るための仕組みを考えるのではなく、顧客が欲しいモノやサービスを調達するという仕組みです。こうした発想で既存のモノやサービスを見直してみると、様々な矛盾や無駄が見えてきます。

前述したミスミの例でいうと、「同じ役割をする部品なのに、顧客（メーカー）ごとに仕様が異なる必要があるのか（顧客が欲しいのは本当に他社と異なる部品なのか）？」「仕様が異なれば一つひとつの価格について、その都度価格交渉が必要となる。それが顧客の本望なのか？」「顧客がモノを買うとき、いちいち営業マンが出向くことが本当に必要なのか？」などです。

ミスミの出した回答は、部品をカスタムメイドから標準化することであり、生産財業界初のカタログ通販でした。これらはいうまでもなく、現在のミスミの事業の根幹となっています。あなたの顧客のビジネスにはどんな矛盾や無駄があり、その矛盾や無駄はどのようなシステムがあれば解消できるでしょうか？　それを考える習慣が身に付けば、これまで常識とされてきた仕組みとはまったく違う新しい仕組みを創り出すことができます。

「売る側ではなく、買う側に立ってビジネスを見る」

これもまた、マーケットアウトビジネスを発想する上での大きなキーワードといえます。

マーケットアウトのキーワードその3「オープンポリシー」

オープンポリシーを意識することも、マーケットアウトを徹底する上では重要です。オープンポリシーとは、その名の通り情報を開示する、というスタンスです。

これまでのビジネスの概念からいえば、顧客に開示できない情報があることは企業にとって当たり前のことでした。価格設定一つをとっても、企業都合を優先して決められているため、内情が明らかになればなるほど値引きの要求など企業側に不利な状況に陥ることは自明の理です。だからこそクローズドシステムで情報をひた隠しにしてきたわけです。

企業が必死にひた隠しにしてきた情報は、顧客の側に立って見ると、実は最も知りたくて、最も有益な情報です。マーケットアウトビジネスが優先するのは、顧客の都合であり利益です。マーケットアウトの発想では、顧客の利益になることはすべてオープンにするべきで、隠さなければならない情報自体が存在しない、ということもいえるのです。

マーケットアウトビジネスでは、情報はオープンにすればするほど信頼につながり、有利に働きます。バレたら事業が立ち行かなくなるような事業設計は最初からしない。そう意識することが、マーケットアウトの徹底につながるのです。

この考え方に拍車をかけているのが、昨今のＩＴ革命です。

情報化社会により、モノやサービスの価格や情報がインターネットで検索すれば簡単に比較できるようになり、モノやサービスの利用者のあらゆる声も簡単に入手できるようになりました。そうした世界では、堂々と情報を開示できない仕組みのまま事業を続けることのほうが、消費者からの信頼を失うことにつながり、経営にとってリスクが高くなるといえるでしょう。

情報や知識を得て賢くなる消費者を、私たちはインテリジェント・カスタマーと呼んでいます。インテリジェント・カスタマーが増えれば増えるほど有利に働くビジネスこそが、マーケットアウトビジネスなのです。

事業を進めていく中で、あらゆる情報を堂々と開示できているか否かを自らに問いかけること――。これもまた、知らず知らずのうちに事業がプロダクトアウト化するのを防ぐ、有用な手段の一つといえるのです。

マーケットアウトのキーワードその4 「持たざる経営」

マーケットアウトを実践し続けるためには、持たざる経営に徹することが欠かせません。なぜなら、企業が常にマーケットの都合を優先できる状態を保つためには、可能な限り自社都合を作らないこと、つまりマーケットの都合に合わせ柔軟にビジネスモデルの変更ができることが重要となるからです。

例えばある商社が自社で生産した方が割安に商品ができると自社工場を作ったとします。確かに工場を設けた当初は、自社で製造した方が顧客ニーズに応えられる低価格で品質の良い商品を提供できるかもしれません。しかし中国で品質はそのままにもっと安い商品を作れる工場があることがわかったらどうでしょう？　輸出企業であれば、円高の影響を受け、アジア各国との競争に太刀打ちできなくなる可能性も十分に考えられます。

社員を抱え、工場の稼働率を上げなければならない状況下では、即座に自社生産を閉鎖して中国から調達する方向に転換することは難しいでしょう。在庫を抱えていれば、簡単に値下げすることもできません。つまり、工場や社員など、持てば持つほど、自社都合が生じてしまうのです。

マーケットアウトで発想したビジネスも、多くの社員や設備を抱えたとたん、ビジネスモデルを柔軟に変更することが難しくなってしまいます。持たざる経営を意識し、徹底することが、マーケットアウトビジネスを持続するコツといえます。

マーケットアウトのキーワードその5 「クロスファンクショナル」

プロダクトアウトの視点でビジネスを考えれば、最初は女性、次は家族、シニア層と、マーケットを拡大することが事業成長につながるという発想になります。それに対し、マーケットアウトでは、あえてマーケットを特定することが事業成長につながると考えます。

マーケットを特定しつつ、継続的な事業成長を実現する――。

一見、相反するように思えることを実現可能にする方法こそ、クロスファンクショナルという発想です。

「クロスファンクショナル」とは経済用語の「クロスファンクショナル・チーム」から取った考え方です。「クロスファンクショナル・チーム」とは、複数の部門や職位から様々な経験やスキルを持った人材を集め、経営課題を解決することをいいます。つまり一つの課題に対し、様々な視野から眺めることで解決を図るわけですが、これと同じように、マーケットアウトビジネスではターゲットを特定し、そのターゲットに提供するサービスを多角化することで事業を成長させていくのです。

つまりマーケットアウトでは、最初にターゲットを特定し、そのニーズに基づいたビジネスを設計します。最初からターゲットを特定していますから、ビジネスを展開すればするほど、そのターゲットに対する情報が蓄積されます。

同じターゲットであっても、他のニーズ、困っていること、不満なことは複数存在するのが当然です。

例えば最初はAというニーズに対してサービスを提供していたとしましょう。常に同じターゲットを相手にビジネスを展開しますから、新たにBというニーズを発見する可能性は高いはずです。新たなニーズごとに新たなモノやサービスを開発し提供していけば、ターゲットは同じでも提供するモノやサービスは、AとB、さらにはCとDといった具合に増えていきますから、事業は継続的に成長することができるのです。

ミスミの事例では、金型部品からFA用部品、工具・消耗品といったところに、取扱い商材が広がっています。また様々なビジネスでもクロスファンクショナルに事業を展開している企業が見られ、その有効性が証明されています。

その好例が、コンビニエンスストアです。

コンビニエンスストアは、総合スーパーが全盛の頃、モノを大量に安く売るという小売りの形態とは違う、「便利」まさにコンビニエンスという付加価値を提供する形態として誕生しました。最初は物販をメインにしていました。そのうち顧客が公共料金の支払ができたら便利だろう、銀行機能があればさらに便利になるはずだ……と、次々にクロスファンクショナルに提供する領域を拡大していき、今では私たちの生活になくてはならない「便利」な存在になっているのは周知の通りです。

こうした例はネット販売を行うあるジュエリーショップにも見ることができます。

若い女性向けにインターネットでジュエリーを売っていたEC事業者が業績の停滞に悩み、改めて顧客調査を行ったところ、想定していた顧客像とは異なり、全体の5割以上が男性だったというのです。男性が女性へのプレゼントを購入していたわけですが、その理由を探っていくと、男性が女性ばかりのジュエリーショップに入るのは恥ずかしい、だからネットで購入しているということが明らかになりました。店側は「それならば」とクロスファンクショナルに「男性向け女性用プレゼント」というカテゴリーを新たに設け、包装紙なども男性が好むものを導入しました。これにより男性向け女性用プレゼントという新たなマーケットを特定し、事業を創造することができたのです。このショップはその後も「男性向け女性用プレゼント」にマーケットを絞って、クリスマスやバレンタインデー、母の日などにジュエリーと花、ジュエリーとワインなど、既存のジュエリー販売業者では考えない商品提供をすることでクロスファンクショナルに事業を成長させ続けています。

このジュエリーショップのようにターゲットとニーズがわかれば、それに対して何を提供するべきかをつかむことができます。さらに、マーケットが特定できれば、そこのニーズを次々と開発し、クロスファンクショナルにモノやサービスを提供することが可能になるのです。

プロダクトアウトビジネスにおいては、収益性を高めるためには業界や特定分野のプロになることこそが重要でした。一方マーケットアウトビジネスでは、マーケットのプロになることがビジネスの可能性を広げることになるのです。言い換えればこれは営業型ビジネスと開発型ビジネスの違いであるともいえるでしょう。プロダクトアウトビジネスとは作ったモノやサービスを様々なターゲットに提供する営業型、マーケットアウトビジネスとはターゲットのニーズを把握し、次々と新たなモノやサービスを提供する開発型です。

このように特定のターゲットと深く関わり、複数のニーズを見出す目を養うことが、マーケットアウト・ビジネスを継続的に発展させていく方法なのです。

この分野ならマーケットアウトは成功する！

これまでマーケットアウトビジネスの優位性について述べてきました。

業務提携や合併など業界再編が進む分野は、相対的に供給者側の力が強くなり、供給者側の都合が優先されるプロダクトアウトな構造になっている場合が多く、マーケットアウトの発想が効力を発揮する可能性は極めて高いといえます。とはいえそうしたプロダクトアウトな分野においても、マーケットアウトがすべての分野で有利に働くとは限りません。

では、マーケットアウトの強みが発揮されにくい分野とはどのようなものなのでしょうか？

製造コストの比重が非常に高い分野は、プロダクトアウトビジネスの方が有利です。例を挙げると、プラントや工作機械、原材料といった分野です。こうした分野では、製造そのものに非常に大きな経費がかかります。スケールメリットを活かして製造コストを下げる、という点ではプロダクトアウトの方が勝っていますから、「製造コスト＞販売コスト」となっている分野では、プロダクトアウトの方が有利ということになります。

一方、マーケットアウトの方が有利な分野はというと、プロダクトアウトの逆、つまり「製造コスト＜販売コスト」になっている分野です。

昨今では、モノを作るのも大変ですが、売るのはもっと大変な時代です。現実問題として原価は30円なのに、消費者へ届けるコスト＝流通コストが１００円もかかるといったことは珍しくありません。ちなみにミスミでは、単価３万円以上の商品に関しては、製造コストの比重が高くなり、マーケットアウトでの効果が出にくい商品でしたが、逆に単価の低い商品になればなるほど、販売コストのウェイトが高くなるため、マーケットアウトが有利に働きました。流通業者やサービス業者中心のビジネスモデルを抜本的に見直すことで、コスト構造が革命的に変えられる分野では、マーケットアウトの効力を存分に発揮することができるのです。

また、コスト構造のみならず、個人や中小規模の企業など、顧客の規模が小さく、供給者都合が強い分野も狙い目です。つまり、ＢtoＣである消費財の市場は、顧客が一般消費者（＝個人）なので、マーケットアウトが最も活きる分野の一つといえます。

マーケットアウトの落とし穴

急速に変化する消費者の好みや加速化する情報化の流れ。こうした時代の中、消費者の利益を最優先に、マーケットを起点にビジネスを構築する、という発想は、これからのベンチャーには不可欠でしょう。

とはいえ消費者の利益を最優先に、マーケットを起点にビジネスを構築できれば、確実に成長するビジネスがつくれるかといえば、単純にそうとはいい切れません。

確かにマーケットアウト・ビジネスは、消費者の利益を最大化するビジネスです。ですが単に消費者のニーズを満たすだけでは、事業として成り立ちません。事業として成り立たせるためには、「絶対的な付加価値」の創造が不可欠です。絶対的な付加価値を生み出すには、ビジョンやビジネスモデルといったレベルからしっかりと設計しなければならないのです。

絶対的な付加価値とは、大企業や既存の業者では、やりたくても実現できないオリジナリティのある価値です。

ミスミの事例でいえば、生産財の市場に流通革命を起こすというビジョンのもと、顧客であるメーカーごとにバラバラの規格で製造されていた部品を標準化→カタログ通販→ハーフメード方式といった具合に、次から次へとビジネスモデルが進化していきました。だからこそ、大企業や既存業者には真似できない絶対的な付加価値を構築することができたわけです。

何か一ついいモノやサービスのアイデアが思い浮かぶとビジネスモデルを精査せずに起業する人が多く見受けられます。アイデアが一つだけでビジネスモデルの検討が不十分だと、事業成長の天井がすぐにきてしまいます。しかも現在は一つのモノやサービスがあっという間に陳腐化する時代です。一つの商品がヒットし、非常に世間でも話題になった会社が、あっという間に忘れられてしまうことが多いことに、皆さんも気づいていることでしょう。

つまり、マーケットを特定し、それに応えるサービスを提供できたとしても、大企業や既存業者がやろうとしてすぐできるような内容であれば、すぐに追いつかれ追い越されてしまうでしょうし、また、特にB to Cの分野では、消費者の好みは刻々と変化をしますから、それに対応できるようなビジネスモデルを構築しておかなければいけないということです。

第4章

ビジネスモデル転換の５つの発想法

マーケットアウトの発想は、先述のコンビニエンスストアなどの事例のように、実はすでに多くの企業がビジネスに取り入れています。躍進企業のビジネスモデルを眺めてみると、マーケットアウトという言葉でこそ表現していないものの、多くがマーケットアウト発想で構築されていることに気がつきます。それどころかいち早くマーケットアウトの発想でビジネスモデル転換ができたからこそ、現在の活況があると言い換えてもいいかもしれません。

ではこうした企業の躍進には、どんなビジネスモデル転換があるのでしょうか？

私たちが提唱するマーケットアウトを考える上で重要となるビジネスモデル転換の発想法で、代表的なものを5つご紹介します。

ビジネスモデル転換の発想法その1　ターゲットを絞る・転換する
～特定の人を狙ってコンテンツを特化させる・サービスを提供する対象を替える～

最初にご紹介する手法は「ターゲットを絞る・転換する」です。

「ターゲットを絞る」、いわゆるターゲティングとは、企業のマーケティング活動の基本中の基本であり、誰しもが「ターゲットを絞るべき」であることは十分に理解しているものと思います。ただし、「マーケティング」の場合には、考える順番があくまでも先に商品・サービスありきであって、すでに出来上がった商品やサービスを、どんなユーザーに訴求するのかという論点が中心になることが多いのではないでしょうか。

商品をどこに売っていくのか、使ってくれそうなのは誰かということを考え、そのターゲット層に対してコミュニケーションを仕掛けていく、というのがマーケティングの基本的な考え方です。その際にターゲットをしっかり絞り込むことで、まさに自分のために用意されたサービスだと認識してもらえる可能性が高くなり、ユーザーに認知されやすくなり、企業からのメッセージが伝わりやすくなるのです。

しかし、私たちがマーケットアウトの発想に基づきビジネスモデルを考える場合は、これとはまったく逆の順番で考えていきます。「これを誰に売るか」ではなく「この人が欲しがっているものは何か」を起点に商品やサービスを抜本的に変える考え方であるといえばいいでしょうか。まずターゲットを絞り込み、その人たちの特性に合わせて、サービス設計・商品開発を行うというプロセスでビジネスを組み立てていくべきと考えます。

従って、その場合、最初にターゲットがしっかり絞り込まれていなければ、汲《く》み取るべきニーズも曖昧なものになってしまい、どのニーズに応えたらよいのかがわからなくなり、従来の延長線上のターゲット向けにデザインを少し変えてみた商品や、サービス内容を若干変更しただけとなり、新規事業というには程遠い姿となってしまいます。

これとは違い、ターゲットを絞り込んでビジネスモデルを転換する場合は、ターゲットをしっかりと絞り込んだ上で、そのターゲット層のみに特徴だって見られるニーズを抽出し、そのニーズに応えるよう商品やサービスをこれまでとはまったく異なるものに変えてしまったり、関連するニーズに応える他の商品やサービスと組み合わせたり、更にチャネルなどのインフラまでもそのターゲット専用にゼロから見直すことで、新しい需要を創造することさえ可能になるのです。

「スタジオアリス」は写真館を子ども向けに絞り込むことで、カメラマンを敢えて素人とし、撮影技術よりも子供の自然な笑顔を引き出すことに重点を移す、パソコン画面を見て複数撮った写真から気に入ったものを見て選べるようにする、七五三などのイベントに貸衣装を無料サービスで貸し出して、衣装ごとの写真を親が買いたくなるよう演出する、などといった従来の写真館とはまったく異なるビジネスモデルをつくり上げました。

また、「ターゲットを転換する」というテーマも同時に扱いますが、これについても「ターゲットを絞る」と同様の考え方がベースになっています。つまり、明確に絞り込まれたターゲット層のニーズがまず起点となり、次に異なるターゲットに対して提供されていたサービスのビジネスモデルを当該ターゲットのニーズにマッチングさせることでニーズに応える、という順番で考えていくのです。

繰り返しになりますが、すでにある商品・サービスを、別のターゲットに対しても売れないだろうか、というチャネル展開の発想で売り上げを増やすという流れではありません。絞り込まれた特定のターゲットのニーズが先にあって、そのニーズに応えるべく異なるターゲットに提供されていたビジネスモデルを横展開し、新しい商品・サービスやビジネスモデルを生み出すという発想こそが極めて重要なのです。

こうした「ターゲットを絞る・転換する」という手法をとって成功したマーケットアウト企業には、ファッション感度の高い若者向けアパレルインターネット販売の「ZOZOTOWN」、ペット保険に健康保険のビジネスモデルを適用した「アニコム損害保険」などがあります。

ビジネスモデル転換の発想法その2　サービスをシンプルにする

皆さんは、「引き算消費」という言葉を目にしたことはあるでしょうか？

家電製品分野などにおいて、メーカー間のシェア競争が激化し、他社との差別化のために高機能化・多機能化が進む中、ほとんど使うことのない機能が搭載された高価格の新製品が次々に発売されているように感じている方も多いのではないでしょうか。その一方で、昨今では機能を最低限に絞ってその分価格を抑えたシンプルな製品の売れ行きが好調であるという傾向があり、これを「引き算消費」と呼んでいます。

例えば、インターネットやメールの機能を一切持たず、キーボードでメモをとることに特化したキングジムのデジタルメモ「ポメラ」がヒットして話題になったのは記憶に新しいところです。他にもアスーステック（ASUSTek）やエイサー（Acer）などによってブームに火がつき、DellやHP、富士通等の大手企業も次々に参入した超低価格の「ミニノートパソコン」、ワンセグなどの不要な機能を削った「シンプル携帯」、韓国製や中国製の各種家電類等も、引き算消費の事例として挙げられます。いずれも、高機能なハイエンドモデルに対するニーズがある一方で、必要な機能だけのシンプルなローエンドモデルに対するニーズが高まっていることに対応したものです。

ここでとりあげるテーマは、まさにこの「引き算消費」のビジネスです。このようにユーザーが本当に必要としている最低限の機能に絞り込むことによって、これまで飽和状態であると思われていた市場を一気に新規開拓することができたり、潜在市場であったものを圧倒的な浸透力で一気に力強いビジネスに昇華させることができます。では、「シンプル」にすることによって実際にどういう変化が起こるのか、もう少し詳しく考えてみることにしましょう。

シンプル化は「大幅な低価格」との両立が鍵

商品やサービスをシンプルにすることが、ユーザーからの支持を集めている背景として、二つの要因が考えられます。一つは、「高機能なものは複雑でよくわからないため、シンプルで簡単なものを求める」というユーザーが増えていること、もう一つはインターネットの出現により、個人が様々な情報を自分で収集することができる環境が整い、多様な製品、サービスを簡単に比較できるようになったことです。情報化が進むことにより、ユーザーは自分にとって必要かどうかの取捨選択を自分自身で判断できるようになり、自分にとって本当に必要で価値がある製品、サービス、機能に対してだけ対価を支払うという、インテリジェント・カスタマーが増えてきたのです。

ビジネスモデル全体で考えた場合、シンプル化は、ユーザー側から直接見えてイメージしやすいフロントエンドの部分のシンプル化と、製品開発・供給などに関わるバックエンドの部分のシンプル化があります。

まずフロントエンドについては、その製品やサービスがユーザーにとって「シンプル」でわかりやすく、使い勝手の良いものになるということがありますが、それと同時に、「大幅な低価格」で提供されるということがユーザーにとっての最大のメリットになるといえます。つまり単なる低価格ではなく「大幅な低価格」というところがポイントで、この長引く不況という時代背景も後押しして、「シンプル」なものが「大幅な低価格」で提供された時に、移り気でシビアなユーザーの心を一気につかむことができるのです。

一方、バックエンドについてはどうでしょうか。ユーザーにとって最低限の機能、サービスに絞り込んでいくシンプル化は、カットされた機能やサービスの分だけ当然バックエンドもシンプルになり、コストも軽減されることになります。供給側コストの圧縮や納期の短縮が可能となれば、これらのメリットをユーザーに還元することができます。

しかし実際には「シンプル化」はそれほど簡単なことではないようです。もし簡単にできることであれば、すでにどの会社も次々に実行している筈なのですが、なかなか実現できないのにはそれなりの理由があると考えられます。

実は難しい「シンプル化」

理由としては次に述べる3点が考えられます。

まず、機能をただ単に削ればいいというものではなく、あくまでも「ユーザーのニーズに合わせて」シンプルにするということが、想像以上に困難であるという点です。

どうしても供給者側の論理ですでにあるものや提供しやすいものという流れで考えてしまいがちなため、ユーザーが求めるものだけを提供するということにはなかなかなりません。また、供給者側の発想や都合で機能を削ってしまうと〝安かろう悪かろう〟の中途半端なサービスに陥ってしまうリスクがあるのです。しかも、ユーザーが真に求めるものだけに徹底的に絞り込んで、それ以外のものを「捨てる」となると、その決断には大きな勇気が必要です。普通の考え方をしていてはなかなか実行できるものではないというのが一つ目の理由です。

二つ目は、機能を削った分だけただ安いというだけではなく、圧倒的に安いということでなければあまり意味がなくなってしまうということです。従来の製品やサービスを値引きすれば届くようなレベルの低価格であれば、サービスの新規性や使いやすさなどが圧倒的に優れていない限りは競合優位性が保てません。必要な基本的機能が「圧倒的な低価格」で提供されるからこそ、ユーザーが感動し、他の追随を許さないサービスになるのです。しかし、圧倒的な低価格を実現するためには単に機能を削ればよいということではなく、バックエンド側の「革新」が必要になるのです。業界の常識では不可能であると思われていたようなことを可能にする仕組みが必要だということであり、これは簡単にできることではありません。

三つ目は、大幅な低価格で提供するということは単価が下がるので、それを補うに足る量が売れなくては業界が縮小してしまいます。圧倒的な低価格になることで、これまでのサービス以上にユーザー数が飛躍的に拡大したり、高頻度で利用したりするようになるモデルでなければ事業としては魅力のないものになります。

これらの極めて高いハードルをクリアした事業だけが、この「サービスをシンプルにする」というビジネスモデル転換の発想法で成功を収めることになるのです。

こうしたシンプル化を実行して成功した企業には、10分1000円のヘアカット専門店「QBハウス」、女性限定1回30分の低価格フィットネス「カーブス」、低価格生命保険商品をインターネットで販売する「ライフネット生命保険」などがあります。

ビジネスモデル転換の発想法その3　チャネルを転換する

～販売チャネル・流通チャネルを替える～

「チャネルを転換する」というと、言葉があまりに平易なせいか、比較的簡単なことのように捉えてしまいます。リアルからインターネットへ、ＰＣからモバイルへ、店頭販売から通信販売へ、代理店経由から直接販売へ、営業担当者や販売員による対面販売から機械による自動取引へ、またＥＣサイト運営者のリアル店舗出店等々、色々なパターンのチャネル転換が考えられますが、いずれも単に販売する窓口を変更するだけのようなイメージを持つ人も多いのではないでしょうか。

ビジネスを展開していく上では、どういったチャネル戦略でターゲットにアプローチするかという点は非常に大切な要素です。ですがチャネルはあくまでもチャネルであって、顧客起点に立ってつくりあげたモノやサービスを、顧客に届けるための「提供手段」という側面での意味合いが大きく、「ビジネスモデル」という根本の概念に対して影響が小さいようにも見えます。

しかしながら、チャネルを転換することにより、業務フロー等のオペレーションや必要となるシステムや組織が変わり、マージンや流通コスト等を含めたコスト構造が変わり、販促・マーケティング戦略が変わる、といった影響を事業に与えられるのです。

「これは絶対儲からない」――その部分に勝機あり

では、業界を変革したり新規市場の開拓にまで至る、というチャネルの転換とはどのようなものなのでしょうか。

たとえば、中古車の買取・再販は、今でこそインターネット経由での取引が一般的なものになりましたが、サービスが登場する前は、試乗ができない、信頼性に欠けるといった懸念からインターネットで車を買う人はいないだろうと思われていました。

買取にしても、査定員が顧客を訪問して中古車を1台ずつ買い付ける姿などは、とても想像ができなかったわけです。ところが実際にはビジネスとして立派に成り立っており、後発組もその市場に続々と参入しています。

こうした一見無理だと思われるものを実現した、あるいは不可能を可能にしたという部分にこれらの事業の「発想」としての見事さ、実行して形にした素晴らしさがあり、たとえ業界自体は古いものだとしても、事業として、業態としての新規性が認められるのです。

「チャネルを転換する」という一見ありがちに思えることでも、うまく当てはめることで大きなイノベーションを達成し、市場を創造することができるのです。

オフィス用品即日配達販売「アスクル」、医師向け医療情報サイト「m3.com（エムスリードットコム）」、写真のインターネット販売「フォトクリエイト」、ワンコイン検診の「ケアプロ」といった企業は、いずれも既存サービスのチャネルを転換するという発想によって、単なる販路の変更ということにとどまらず、新しい大きな市場を創造したといえる企業です。

ビジネスモデル転換の発想法その4　資産を活用する
～眠っていた資産を活用する・異なる価値を付加して提供する～

四つ目のポイントは、「資産を活用する」です。

すでにある資産や保有している資産を別の用途に活かす、遊休資産を有効活用する、既存の資産に新しい価値を見出して販売する、といったような切り口でビジネスモデルを新たな方面へ展開させる方法があります。事業拡大を考える上で、何かの商品を新たに開発・調達して販売するような形よりも、すでにあるものを別の形で活かして収益化することができれば、より小さなリスクで効率よく新しいビジネスモデルが構築できるであろうことは想像に難くありません。

身近な例で説明しましょう。

最近Eコマースなどでにわかにブームとなっている「訳あり品」をご存知でしょうか？

長さや太さが足りない、曲がっている、キズがある、色が悪いなど、規格に合わないという理由からこれまで大量廃棄されていた野菜やフルーツ・魚などが、通常のものよりも大幅に安い価格で提供されているのですが、不況下の節約志向とあいまって、この「訳あり品」が大人気を博しています。形が悪くても味や栄養価には変わりがない上、値段が激安である理由が明白であるため、見た目を気にしない人にとっては非常に安心でお買い得な商品となるのです。

またスイーツ類でも、ロールケーキの切れ端や割れたおせんべいの詰め合わせが、安価でおいしい「訳ありグルメ」としてヒット商品になっています。これらは、これまで廃棄せざるを得なかった、すなわち価値がないものと考えられていた商品（資産）に対して、ニーズを拾い上げて新たな価値を見出し、見事に収益につなげている好事例といえるでしょう。

またエムアウトグループのアイデクトでは、消費者のご家庭の「たんすの中」に眠っているジュエリーの買取・再販、リフォームといった〝Re〟サービスをフルラインで展開していますが、これも消費者が持つ遊休資産に新たな価値を提供する事例といえるでしょう。

これらの事例は、技術革新や新しい調達先の開拓等によってニーズにマッチした低価格商品を新たに発明した、開発して生み出した、ということではなく、元々存在していたものに新しい価値を付加することで新しいマネタイズ手法に発展させているのです。つまり本来価値がないと思われていた商品や眠っている資産と、それに対するニーズを見つけ出し、二つを上手にマッチングさせ、売る側と買う側の双方にメリットをもたらす関係を新たに構築する、というのが発想のポイントです。

一消費者の観点からわかりやすい「モノ」の有効活用事例としてはこのようなサービスが挙げられます。ではここで、「ビジネスモデル」という枠組みの中で考えた時には、どのような資産の、どのような価値転用方法が発想できるかを考えてみましょう。

組み合わせの妙・ありえないマッチングがニュービジネスを誕生させる

たとえば学生向けの無料コピーサービス「タダコピ」というビジネスがあります。コピー用紙の裏面に広告媒体という新しい価値を付加して広告主に販売し、一方でユーザー側の学生へのメリットとしてコピー料金を無料提供するという事業です。また、競技場やドーム球場など施設の命名権（ネーミングライツ）ビジネスなども、本来ただの名称でしかなかったものに広告媒体価値を付加して販売しているものと考えられます。このように、何か別の用途で使われていたものに広告媒体価値を新たに付加するという事例は、比較的多く見られるマネタイズ手法です。

また、土地や工場、農地などの遊休資産の有効活用・転用も目にすることが多いのではないでしょうか。パーク24株式会社が手がける駐車場の「タイムズ」などは、土地オーナーにとっての遊休資産の有効活用をサポートするプラットフォームビジネスといえます。ビルなどが建てられずに余っていた土地を、小さな土地でも、短期間で、資金負担なく、駐車場にすることができるので、遊んでいて管理コストだけかかっていたような土地から収益を上げることができますし、駐車場利用者からしても、駐車場の場所と空き情報が検索できる仕組みさえあれば、巨大な駐車場が駅前だけにあるような環境よりも、街中に簡単に止められる駐車場がたくさんあった方が目的地に近く便利に駐車できることでしょう。

タイムズの場合は、さらにこれらのマッチングを、無人駐車機器などの資産や駐車場運営ノウハウ、全駐車場の情報をオンラインでつなぐというＩＴ技術を駆使して実現しているという点でも資産の有効活用を見事に実践しており、通常の駐車場ビジネス・不動産ビジネスとは一線を画した、素晴らしいビジネス展開といえます。

資産転用によって新たなビジネスモデルへと展開するポイントをまとめると、

◆どんな資産が潜在しているか、使われていない資産はないかを探す
◆価値がないと思われているものも、集積すれば価値が生まれる
◆ニーズとうまくマッチングさせて、新たな価値を与え、顧客に提供する

といった要素になります。

この考え方によって売上を伸ばしている事業として、他には料理レシピサイト「クックパッド」、貸会議室「ティーケーピー」、高級宿泊施設の予約サイト「一休.com」などがあります。

ビジネスモデル転換の発想法その5　プレイヤーを束ねる

～事業者を束ねて営業チャネルになる～

五つ目の発想法は、「プレイヤーを束ねる」です。

通常、新規事業の立ち上げ、スタートアップというキーワードから連想するビジネスモデルといえば、買い手と売り手の間に入り、付加価値を付けて利ざやを稼ぐという商売の基本ともいうべき形が最もシンプルで一般的でしょう。メーカーとしてモノ作りをするにせよ、代理店や卸のような商社的な機能を果たすにせよ、仕入先から調達したモノやサービス（あるいは仕入先から調達した原材料を加工して作ったモノやサービス）を、自ら集客した顧客に販売してその対価を得る形式のビジネスが基本的な流れになると思います。例えば、新たに輸入雑貨屋やレストランを始める、インターネット広告販売事業を始める、農業を始める……、様々な業界の様々なビジネスが考えられますが、いずれの場合にしても、フレームだけを捉えるならば、いずれも「仕入れて売る」というシンプルな形で表現することができます。

世の中にはこのようなビジネスを展開している事業主の方々が数多くいるわけですが、ここに束ねるという発想を導入すると、こういった事業主の方々に使ってもらうための「プラットフォーム」を設計し運用する、という発想になります。

個々の事業主がそれぞれに店を構え、それぞれ顧客にアプローチをして集客するものを、プラットフォーム側がまとめて請け負う代わりに各事業主からプラットフォームの利用料や登録料を徴収するという形で運営します。わかりやすい例では百貨店やショッピングセンターなどのテナントビジネス、リアル店舗だけでなく楽天やYahoo!ショッピングなどのEコマースにおけるモールなども同じ発想ですし、展示会・見本市を主催するビジネスも同じような考え方で成り立っています。

また、ライターやクリエイターなどの個人を多数ネットワーク化してビジネス展開しているような事例も見受けられますし、仕入サイド・調達側を束ねて、EDIで連携した受発注システムなどを提供するようなモデルもあります。いずれにしても、個々の店子《たなこ》や出展者の立場に立って個別の商品やサービスを販売するというビジネス展開をするのではなく、これらを一歩引いた目で捉えて、そういった商品やサービスを提供する事業主＝プレイヤーが集まるプラットフォームの運営者側になる、これが「プレイヤーを束ねる」です。

プラットフォーム型ビジネスの特徴

このプラットフォーム型ビジネスにおける特徴を整理してみましょう。

▼ユーザーのメリット

◆コンテンツ力：一事業主で提供できるコンテンツには限界がありますが、多数の事業主が多種多様なコンテンツを提供すれば、ユーザーにとっては、求めるものが必ず見つかる、より魅力的な場所になります。

◆特典：プラットフォーム側による販促施策は、個々の事業主が個別に実施するよりも大規模に行うことが可能となるため、ユーザーに還元されるメリットをより大きく設計することが可能です。ポイント制やキャンペーン企画など、魅力的な特典をユーザーに付与することができます。

▼プレイヤーのメリット

◆集客の効率：各自がバラバラにやっていることをプラットフォーム側が取りまとめて一括で行うことで、効率化ができスケールメリットが出ます。コンテンツ力との相乗効果もあって、一事業主だけでの個別の集客とは段違いの集客力があります。

◆インフラ構築の効率：プラットフォーム側から提供されるインフラを利用すれば、システムや店舗等を個別に作る必要がないため、初期投資も低く効率がよいビジネス展開が可能になります。

▼プラットフォーム側のメリット

◆手堅い収益：個々の商材パワーによる売上リスクや個別の事業主の収益性に対するリスク

をとる必要がなく、固定費＋トランザクションフィーなどの形で確実な固定費収入を得ることができます。もちろん、自社で何かを販売することはないため在庫リスクもありません。事業主がしっかり儲けてくれなければプラットフォームとして成り立たないものの、全体として儲かれば問題がないので、その意味ではリスク分散されているといえます。

◈スイッチングコストの高さ：日々の運用に必要なインフラ提供を行うため、事業主を一旦囲い込んでしまえば、なかなか離脱しづらいものとなります。集客力がありさえすれば、事業主としては売上を下げたくないため、他のサービスに移りづらいのです。

こうした「プレイヤーを束ねる」手法の成功例としては、インターネット通販ショップモール「楽天市場」、出前検索・注文サイト「出前館」、企業の福利厚生業務代行サービス「ベネフィット・ワン」などがあります。

第5章

いまこそ起業革命を！
「スタートアップファクトリー」という考え方

千三つ（1000分の3）しか成功しないベンチャーシステムで起業する〝愚〟

前章で見た通り、すでに多くの企業が「マーケットアウト」発想のもとビジネスを展開しています。ここで改めて繰り返しますが、事業として成り立たせるためにはアイデアの鋭さばかりだけでなく、ビジネスが継続して発展し続けられるような、しっかりとしたビジョン、ビジネスモデルが存在しなければならないのです。

例を挙げて説明しましょう。

かつて低価格の薄型テレビを販売するB社という企業がありました。当時、薄型テレビの価格が高いと考えていた消費者は決して少なくなかったはずです。ですから発想そのものは確かにマーケットアウトであったということができるでしょう。事実、設立当初はそれなりの売上を上げていました。ところがこのB社は結果的には破綻しました。

その原因は、ビジネスモデルの優位性を価格一点に置いたところにありました。B社は部品を外部から調達、中国を中心とした海外メーカーに製造委託するビジネスモデルで低価格を実現しました。ですが、単なる低価格化だけでは、他社商品に対して絶対的な優位性を持つことはできません。消費者に「安いからB社の薄型テレビを選びたい」と思わせる程度では、商売を継続することはできないのです。事業を継続させるためには、消費者にB社を選ばせる「絶対的な付加価値」がなければならないからです。

薄型テレビの需要が活発化し、大手メーカーが価格競争により低価格化にしのぎを削り始めた時、B社の運命は決まったようなものでした。価格競争で勝ち残るための手段や資金力においては、大量生産が得意な大手メーカーの方が圧倒的に有利だったからです。

薄型テレビの価格に対する消費者の不満にいち早く気づいたB社の着眼点は賞賛されて然るべきものです。ですが事業として継続するにはその思いつきだけで満足してはだめで、絶対的付加価値をどうするか、さらにいえば、大企業や既存企業に真似や後追いしたくてもできない何かがあることが欠かせないのです。そしてここにこそ、ベンチャーとして成功するのは100社スタートアップしてわずか3社、俗に「千三つ」といわれる理由があるのです。

なぜアパレルベンチャー・ユニクロは成功できたのか

意気揚々と事業を立ち上げたとしても、存続できるのはほんの一握りというスタートアップの厳しさ。しかしその中にあっても大成功を収めている企業が確かにあるのです。その一つが1974年に現社長・柳井正氏によって設立されたユニクロでしょう。アパレルベンチャーとして誕生したユニクロ成功の要因は、B社の逆、つまりビジネスモデルの巧みさにありました。

ユニクロが当初目をつけたのは、当時既存のファッション事業者が各社の個性を出してそれぞれ個有のファン層をつくっていったのとは反対の方向で、すなわちフリースや部屋着、Ｔシャツ、保温シャツなど万人が身につけるものでした。こうした大量の需要が見込める商品を対象に、アメリカの衣料品小売店ＧＡＰをモデルにＳＰＡ（製造型小売業）化、２～３万枚売れれば大ヒットといわれるフリースを、１９９９年には８５０万枚販売し、アパレル業界の雄として躍り出たのです。

衣料品を買うとすればデパートや専門店、ＧＭＳ（総合スーパー）が主流だった時代、デザインも品質も良い衣料品を低価格で提供できれば消費者も喜ぶはずだ、とマーケットアウト発想した人は柳井氏一人ではなかったはずです。ユニクロの成功は、そこで既存のプロダクトアウト・ビジネスに乗ることなく、自社工場を持たずに製造は主に中国などのアパレルメーカーに委託し、自社店舗で販売、そこでいち早く消費者の好みをつかみ、消費者が欲しがっているうちに短納期で商品を調達し、販売するというマーケットアウトなビジネスモデルを構築したことにありました。第３章で紹介した通り、「マーケット起点」と「持たざる経営」は、マーケットアウト・ビジネス成功の最も重要なキーワードです。

こうした、トレンドを素早く見極め、トレンドに沿った商品を安く製造、店舗にスピーディに投入する、というビジネスモデルは、売り場を提供するだけのハコモノ化していた既存百貨店や、従来のビジネスモデルであった大部分のアパレル各社には、商品調達の早さでも価格の面でも、決して真似のできないものでした。つまりユニクロには、既存業者が真似や後追いがしたくてもできないビジネスモデルがあったわけです。ちなみに、ユニクロと同じようなモデルとしては、最近好調のニトリや靴のＡＢＣマート、自転車のあさひなどが挙げられます。

このＢ社とユニクロの例だけを見ても、スタートアップにおけるビジネスモデルの大切さ、すなわち既存業者とは異なるビジネスモデルの構築が欠かせないことがわかるはずです。こうした既存のビジネスとは異なる構造でスタートアップすることを、私たちは「ビジネスの立ち位置を変える」と言っています。ビジネスの立ち位置を変えることは、起業してからでは非常に難しくなります。ですから起業の際には思いつきで動くことなくじっくりと、かつ科学的に分析することが何よりも大切なのです。

そしてこれこそが成功への鍵であり、失敗を許さない日本のビジネス風土において、無謀な起業にストップをかける最後の命綱といえるものかもしれないのです。

「ミドルリスク・ミドルリターン」を目指す「第三の道」

Ｂ社のように着眼点こそ優れているものの、一つのアイデアだけに頼り切ってのビジネスとともに危険なのが、既存のシステムに乗っての起業といえるかもしれません。

私たちは日本での起業には、次の二つのパターンがあると考えています。

①ローリスク・ローリターン型　～大企業で起業する道～

サラリーマンとして大企業に就職、経験を積んだ後に社内ベンチャーとして新規事業を起こすケースです。

大企業も減退する国内市場を背景に既存事業は縮小均衡傾向となり、成長戦略の柱として、海外展開と並んで、新規事業の創出を掲げているところは少なくありません。大企業ならではの資金力や組織・技術力などの資産を活用できることが強みとなります。しかしながらコア事業とのシナジー効果、既存事業とのカニバリゼーションや多くのステークホルダーにも配慮せざるを得ないため（詳細は第6章を参照）、思い切った新規事業を立ち上げることは現実的には難しい場合が大半です。失敗した場合は、出世コースからは外れる可能性もありますが、会社をやめさせられて路頭に迷うなどのことはありません。ただし、成功した場合も、新しいことにチャレンジしなかった他社員と比べ、待遇や報酬などで大きく差がつくことはないでしょう。

大企業での起業は、資産活用など本来であれば非常に有利であるにもかかわらず、既存のしがらみや社員へのインセンティブなどが制約となり、なかなか成功していないのが実情です。

②ハイリスク・ハイリターン型　～従来型ベンチャーで起業する道～

個人がすべてのリスクを背負っての起業です。何のしがらみもなく起業できますから、何といっても自由な発想でビジネスモデルを構築できることが強みです。創業者が気合いと根性で孤軍奮闘し、成功すれば数十億円から数千億円のリターンを得ることができますが、独りよがりのアイデアだったり、芽が出る前に資金が尽きるなど、成功に至るまでの課題は山積で、その確立は0・05〜0・1％程度とされています。また起業そのものは成功しても、その後の経営でつまずくこともしばしばあります。事業に失敗すれば財産や地位などを失って再起が難しいケースも多く、まさにハイリスク・ハイリターンの道となります。

さてこの二つがこれまでの起業（新規事業）の方法ですが、どちらも成功確率が低いという欠点がありました。そこで私たちが考えたのが、①の大企業の方法と②のベンチャーの方法の「いいとこどり」をして《ミドルリスク・ミドルリターン》を狙う方法、すなわち第三の方法で起業する道です。

これは大企業の組織的な取り組みとベンチャーのしがらみのない自由な発想を組み合わせた形での起業といえます。成功のノウハウや失敗体験を集積し、それを科学的に分析した上でビジネスを立ち上げ、成功確率を数十％まで高めます。資金調達を含むリスクは、個人に集中するのではなく、ステークホルダー間で分担します。そしてＩＰＯやＭ＆ＡなどのＥＸＩＴにより数億円〜数十億円得られるであろうキャピタルゲインを、ステークホルダーで分け合います。従ってリスクは大企業よりも高く、ベンチャーよりも低い、リターンは大企業よりも多く、ベンチャーよりも低いという、まさに、ミドルリスク・ミドルリターンの第三の道なのです。

そしてこの「第三の道」こそ、私たちが考える新しい起業の形である「スタートアップ・ファクトリー」が目指すところ。

すなわちスタートアップのプロセスそのものを分解、それぞれの段階ごとに多くの人の協業のもと、工場のライン上で自動車を組み立てるようにして立ち上げ、育て、成長段階に合った適任者が経営するという考え方です。

日本人の集団主義を活用せよ

私たちが第三の道を追究するのは、これこそが日本人の特性と民族性にアジャストした起業の形であると確信し、第2章で見た通り、少産少死型の日本においてはビジネスの立ち上げを容易にする環境を整備してこそ、日本経済も再生すると信じるからです。

従来型の起業の方法はそもそも欧米からの直輸入品であり、日本または日本人にはアジャストしていないものでした。欧米や中国などのアジア諸国とは違い、どこからも侵略されていない島国で、今でこそ格差問題が問われ始めたものの、つい最近までは一億総中流を自認していた国でした。

そうした均一化した社会では、一人の特出した天才が卓越したアイデアのもと、強力なリーダシップで成功を果たすという狩猟民族型起業の方法は、たとえ成功したとあっても違和感や嫉妬を感じさせるに過ぎません。「出る杭を打つ」という精神構造はこうしたところにも表れています。では日本人に向いた起業の方法とはどういったものなのでしょうか？


農耕民族である我々日本人には、もともと組織や集団でこそ強さを発揮するという特徴があります。失敗を許さない国民性もチームとなったとたん一転、他者に向かっていた不寛容さは自らへの厳しさに変わり、欧米人には考えられない力量を発揮することとなります。正月の風物詩、箱根駅伝は、集団化（チーム化）すると、自分の力不足でチームの足を引っ張ることはできないという責任感が強さに変わるという、日本人の特性がよく表れている例といえるのではないでしょうか。

日本経済の成長にもそれがいえます。戦後の高度経済成長は個人としての力ではなく、個人の力を会社という組織の力として結集することで成し遂げられたものでした。焦土からの復興という大目標のもと、私生活を犠牲にしてまでも、国民一丸となって成し遂げたものだったのです。

現代においても、グローバルに活躍している企業であるトヨタなどが最たる証左で、ジャストインタイム方式や自働化など、現場を中心とした仕組み化ができているので、経営者が交代をしても、その強さはゆるぎないものとなっています。

我々日本人にはこのように集団・組織になると強いという極めて独特な資質が備わっています。また組織化すれば、こうした日本人の資質や特性を活かせる、新しい起業の仕組みをつくり出せると考えています。

成功体験・失敗体験を活かし事業の再生産が可能なシステムを

日本人の潜在能力を引き出す組織化のメリットはこれだけにとどまりません。組織化することにより、成功・失敗の両体験の蓄積が可能となるのです。

日本でベンチャーを立ち上げる人は一匹狼的な側面が非常に高いといえます。成功者がその経験を活かして次々に新産業を生み出し、また失敗者を三顧の礼で迎えるアメリカと異なり、日本では成功体験も失敗体験も、活かされることは稀《まれ》でした。

しかし組織化すればこれらの貴重な体験を蓄積し、ノウハウとして活用することが可能となります。科学的な分析のもと、失敗も成功も、その法則性が浮き彫りになってくるのです。

たとえばベンチャー企業が失敗したケースを分析していくと、マーケットを広げすぎて潰れる企業が多いことがわかります。顧客を絞り込むことに臆病になっているのです。しかしそれでは、リソースの限られた小さな会社は、自社の特徴を打ち出すことはできず、大企業や既存事業者と渡り合うことはできません。勇気を持ってマーケットを絞り込み、自社の独自性をアピールすべきだというセオリーを得ることができます。

成功体験の蓄積はさらに貴重です。

ノーベル賞といえば科学分野での最高峰の賞ですが、ノーベル賞を狙うような科学者はまず、先人がやってきた研究や報告例を徹底的に学ぶことから始めます。過去の研究や事実を十分に理解した上で、それに何か新しいことをつけ加え、原理原則をまったく別の分野に応用するなどして、新発見や新技術の創造にトライしていくのです。つまり科学の最高峰の世界においてさえ、成功は過去の成功体験の調査分析からスタートするのです。

起業においてもこれとまったく同じ手法をとるべきなのです。過去の成功事例を蓄積し、その仕組みや背景を知り、体系づけ、原理原則を明確にして、それに時代や他分野にあった新しいオリジナリティをつけ加えるという手法をとれば、成功への確率は格段に高くなっていくのです。

過去の成功事例を分析し、研究し、その原理原則を応用するということは決して「人まね」をすることではありません。むしろ科学的なアプローチでは常套手段なのです。東洋では論語の中に「温故知新」、西洋ではビスマルクの言葉「愚者は経験に学び、賢者は歴史に学ぶ」と洋の東西を問わず、新しいことに挑む際に過去を学ぶことは定石として伝えられており、過去を学ぶことなくゼロから新しいビジネスを考えようというのは、むしろアマチュアの発想であり、ベンチャービジネスの成功確率が極端に悪いのは、こうした非科学的なアプローチにあるといえるのです。

よってたかって事業をつくる

「スタートアップファクトリー」ではこうして蓄積された成功事例・失敗事例をもとに事業を立ち上げ、工程別、機能別の専門家がそれぞれの強みを結集して一つの事業をつくります。それぞれの専門分野のプロフェッショナルが、よってたかってブラッシュアップを行い、アイデアを確かなビジョンやビジネスモデルを伴ったビジネスへと完成させていきます。工程ごとに厳しい品質チェックを受けながら、工場＝ファクトリーで自動車を作り上げるように事業を組み立てていくわけです。

左図の、事業開発のフェーズを見てください。

「スタートアッププロセスを工場での分業体制と同様に細分化し、①事業開発フェーズ、②事業化推進フェーズ、③事業参入フェーズの三段階に分け、各フェーズのプロフェッショナルを育てたり、ノウハウを蓄積することで、起業の成功確率の

図表5-1　事業開発のフェーズ

向上を進めています。

①の事業開発フェーズでは、世の中の優れた会社を研究・分析し、成功要因をノウハウ・体系化するR&D機能、アイデアを内外で集める機能及びそれらを組み合わせることで、ビジョンやビジネスモデルで構成される事業コンセプトを策定する機能を担います。

②の事業化推進フェーズでは、①でつくられた事業コンセプトの確度を高めるために、業界を徹底的に調査したり、パイロットモデルを市場に導入してテストするなど、フィージビリティスタディを担います。

③の事業参入フェーズでは、事業運営を本格的にスタートさせ、ヒト・モノ・カネを積極的に投入し、事業を軌道に乗せ、ビ

ジネスモデルを確立するまでを担います。

また、各フェーズを移行する際には、それぞれに応じた基準、メーカー風にいえば品質チェックを行うことで、良いものだけが次のフェーズに移行します。

事業の成功にはマーケティングやIT（情報技術）、ファイナンスやリーガルなどの様々な事業を支える機能が欠かせませんが、昨今ではこれらのどの分野も高度化・複雑化しており、これらを一人の経営者がすべて見ることは、現実からかい離してきています。「スタートアップファクトリー」にあっては、従来型ベンチャーと異なり、それらの機能の専門家をバックオフィスに組織化し、各フェーズごとに必要とされる機能を適切に提供できるようになっています。

こうした日本人の組織力を生かした「ファクトリー」の概念をスタートアッププロセスに取り入れることで、1000分の3ともいわれる起業の成功確率を格段に上げられると考えています。

「スタートアップファクトリー」では、起業のプロフェッショナルが、よってたかって事業を立ち上げ成功させること（IPOやM&AによるEXIT）により得られるキャピタルゲインを、起業に携わったメンバー全員で分かち合うことになります。こうして、「ミドルリスク・ミドルリターン」が実現されるのです。

社長もまた適材適所の発想で

ベンチャー企業でよくあるケースとして、ＩＰＯまでたどり着いたとしても、創業者がキャピタルゲインを手に入れた後に熱意を失ったり、逆に事業への思い入れが強く、客観性を失って経営を誤り、失敗に至ることも多いのです。また、個人には適性やその能力、できることに限界があるという事実もまた、厳然として存在しており、起業が上手くいったとしても、継続して事業を成長させることができる経営者は僅かなのです。なぜならば、起業のノウハウと、ビジネスモデルの確立された事業を成長させるノウハウはまったく異なるものだからです。

せっかく立ち上げたビジネスが中小企業で終わらずに、それどころか社会のインフラともいわれるような高みにまで拡大成長するためには、創業社長を始めとする経営陣が決して抱え込むことなく、自身の能力やスキルを客観的に判断して、適切なタイミングで適切な人にバトンタッチした方が上手くいくと考えています。

スタートアップファクトリーでは、私たちは事業の起業段階のみに特化し、適切な買い手にＥＸＩＴさせることが最良の手段だと考えています。ビジネスモデルを確立した後の、事業のさらなる成長ステージおいては、私たちのような小体の事業者が経営を行うよりも、資本力に勝る大企業が、そのリソースを駆使して経営を行った方が、はるかに速く、大きく成長させられるのです。

蓄積されるノウハウ、育つ起業のプロ

「スタートアップファクトリー」で事業を成功させた人材は、ここで得たノウハウをもとに、新たな起業に取り組むこととなります。

一方、事業がＥＸＩＴに至らず失敗した者も苦い経験を科学的に分析した上でスタートアップに再チャレンジ、起死回生を図ります。繰り返し起業することにより、ノウハウが蓄積され、起業のプロフェッショナルが育っていきます。

こうして、起業の再生産が可能となり、成功確率が向上し、ミドルリスク・ミドルリターンの第三の道が確立されれば、日本でも起業をやってみようという若者が増えてくるでしょう。また、事業の成功確率が高まると、ＶＣやエンジェルからの投資も増えてきて、起業が盛んになり、そこにまた人が集まり、資金が集まるというプラスの循環が回りだし、起業の産業化へと発展していくのです。

それこそが、私たちがこの「スタートアップファクトリー」を確立しようとする、最大の目標であり、冒頭で述べた起業活動率が飛躍的に上がれば、現在の日本経済の閉塞感を打破する突破口となると信じてやまない理由なのです。

第6章

しがらみのない個人・中小企業ほどベンチャーでは成功できる

不況の今こそ個人・中小企業は新ビジネスに打って出ろ

既存型ベンチャーでスタートアップするか、企業内の社内ベンチャーとしてスタートアップするか、あるいは私たちが運営する「スタートアップファクトリー」でスタートアップするかは別として、起業や新規事業の創出を考えている読者が多くおられると思います。そんな時、足を引っ張るのが昨今の経済事情、すなわち景気が回復するまでスタートアップを待とうという後ろ向きな発想かもしれません。

私たちはこうした発想とはむしろ逆で、この不況こそ千載一遇のチャンスであると考えています。不況の今こそ新事業に打って出るべきでしょう。なぜなら不況といわれる時代ほど社会が抱える課題が浮き彫りになり、そこを足がかりに他に先駆けるチャンスのあるタイミングはないからです。

好況であれば自分や自社の課題を考えることは、よほどのことがない限りないでしょう。目の前にある波に乗り、多少の課題を放っておいても業績が勝手に伸びていくのが好況期の状況です。不況であればこそ、真剣に自らや自社を振り返り、その上で次の成長へと打って出ることができるのです。さらにいえば、個人や中小企業こそチャンスでしょう。

こうした不況の時代、大企業が事業拡大を志向したとしてもステークホルダー（利害関係者）が多く、確実に利益を出すためには、合理化やリストラなど後ろ向きの戦略が中心にならざるを得ないのが実情です。逆にしがらみが少なく、そもそも合理化余地も少ない個人や中小企業なら果敢に打って出るしかないのです。大企業はリストラをしたり、採用なども絞るため、普段は採れないような優秀な人材を獲得することも可能となります。

また不況期には土地や建物などの資産や物価も下がるので、新規の投資も好況期と比べ低コストで可能となります。新しいことを始めるにはこれ以上ない絶好のタイミングなのです。こうした千載一遇のチャンスを上手に活かすと思いもよらぬ大きな成果を手にすることも不可能ではありません。その例もまた、ミスミでの事例に見つけることができます。

多くのステークホルダーを持つ大企業のジレンマ

ミスミは、1963年の創業当時、大手自動車会社や電機メーカーなどの求めに従い、それぞれの規格に応じたカスタム部品を調達、納品するビジネスをしていました。こうした商社は何もミスミだけでなく、大手商社を始め、多数あったのです。

当時、社員数僅か10名の中小企業であったミスミは、各メーカーが共通で使っている部品がないかをリサーチし、メーカー各社に標準化を提案しました。当初、「自社にぴったりのカスタム品が手に入るのになぜ標準化する必要が？」と冷笑するばかりであったメーカーも、徐々に話に耳を傾けてくれるようになりました。標準化することで部品の価格が3分の1から4分の1になる魅力には、メーカー側もあらがえなかったのです。この発想の転換こそがミスミ躍進のきっかけでした。

これはミスミがまだ中小企業であったからこそ成し遂げられたことでした。

大手商社にはカスタム品を調達するビジネスモデルが出来上がっていました。完成したビジネスモデルがあるがゆえ、すでに営業マンや調達先の金型部品メーカーなど多くのステークホルダーを抱えていました。またカスタム品の生産をしていた金型部品メーカーも、新たに共通部品を製造するとなると、既存の設備や人員の育成などに多大なコストや時間が必要になることは確実で、賛同を得ることは困難でした。大手商社は大企業であるがゆえに、新しいビジネスモデルに対抗する柔軟性を持つことができなかったのです。

この例を見てもわかるように、中小企業の強みとは何もないことにあるといえるでしょう。私たちはこれを「白地に絵を描く」と言っています。何も持たない個人や中小であればこそ、しがらみにとらわれることなく、自由自在に絵を描くことが可能です。

ヤマト運輸もまた、白地に見事な絵を描いた例としてご紹介しておきます。

宅急便が普及する以前、物流業界の主流は大口の運送が中心でした。当時、まだ中小の運送会社に過ぎなかったヤマト運輸の躍進の鍵は、これを小口の運送、すなわち現在の個人中心の宅配ビジネスに切り替えた点にありました。小口の発送は一つひとつの取扱い額が小さく、手間もかかるゆえに、当時の物流大手からは敬遠されていました。

ですが小口配送には大口配送にはないメリットがありました。値引きする必要がないため荷物一個当たりの粗利率は高く、数を集めることによる集積効果が出れば、値引き要求に疲れ切っていた大口配送ビジネスに比べ、格段に高い収益が期待できたのです。これは小さな運送会社だったヤマト運輸であればこそできたのであって、大口運送のビジネスモデルが完成していた既存大手物流会社では決して思いつかないビジネスモデルだったのです。

大企業の泣き所「カニバリゼーション」

大企業がスタートアップする際のジレンマとしては、前述した大企業であるがゆえの柔軟性の欠如とともに、カニバリゼーションも挙げられるでしょう。

カニバリゼーション（cannibalization）とは「共食い・人食い」という意味で、経済学上では自社の新しい商品やチャネルが自社の既存の商品やチャネルのシェアを奪ってしまうような「共食い」現象のことをいいます。

かつてパナソニックがナショナルのブランド名乗っていた時代、この企業には他社もうらやむ強力な販売網がありました。「ナショナルショップ」といわれる小売店がそれです。家電製品販売の主流はその後、家電量販店へと移り変わりますが、その対応を取ろうとした際、シェアを奪われることを心配したナショナルショップから凄まじい猛反発を受けることとなりました。その結果、量販店対応に出遅れることとなったのです。これがカニバリゼーションです。ちなみにこの隙に乗じるようにシェアを伸ばしたのが、こうした販売網を持たなかった家電メーカーで、シャープなどはその代表例といえるでしょう。

こうしたカニバリゼーションの事例は、様々な業種で見ることができます。

スーパードライで44年ぶりにビールのシェアナンバーワンとなったアサヒビールが、デフレ経済の中で誕生した発泡酒への対応が遅れたケースも、そうした事例の一つです。

大きなパラダイムシフトが起こった際は、ビジネスモデルや既存の商品が強固な大企業ほど逆に不利な方向へと向かいます。新しいチャネルや商品に、今利益をもたらしてくれているチャネルや商品のシェアが奪われてしまうことを怖れ、身動きが取れなくなるわけです。言い換えるとベンチャー各社が狙うべきポイントは、こういう大企業の泣き所にあるのです。

「スタートアップ」の狙い目はこの5分野

新規事業の創出という視点でいえば、既存の事業者が手を出したくても出せない分野にこそチャンスがあると考えられます。前述した通り、従来のビジネスモデルを踏襲する企業が、自らの事業に影響が出てしまうため、やりたくてもできない分野にこそベンチャー各社の勝機があるといえるでしょう。

ベンチャーが成功するためには、こうした視点に加え、既存業者が寡占化していて消費者が不利益を被っている業界、すなわちプロダクトアウトの発想で成り立っている業界を狙うことも大切です。たとえば医療、金融、不動産、建築、農業といった分野などは、業界が硬直化しており、まさに供給者都合の業界であり、マーケットアウトの発想を持ち込めば一気にブレイクできる可能性が高いといえるでしょう。

第7章でご紹介するライフネット生命保険は、それまで複雑でわかりにくい商品が当たり前だった生命保険業界において、シンプルでわかりやすい商品を開発することにより、従来の半額の保険料の商品を提供し、業界を変革する企業として躍進しています。

ＩＴの分野でいえば、私たちはGoogleやfacebookなどに代表されるインターネットビジネスに非常に注目しています。これらはモノの製造販売ではなく、情報を提供するビジネスモデルです。マーケットで必要とされているモノやサービスに関する情報を収集することで人を集め、そこに価値を見出したスポンサーからお金を得るこのモデルは、まさにマーケットアウトそのものです。

またこうしたインターネットビジネスに加え、ＩＴを用いてバリューチェーンを抜本的に変えてしまうビジネスにも注目しています。これまでヒトや店舗など、リアルの資産に頼ってきたことを、ＥＣのようにＩＴ化することで効率がよくなり、スケールメリットが出せるようになります。楽天やAmazon、ＺＯＺＯＴＯＷＮなどのビジネスモデルはこれに該当します。ここにはまだまだ大きなビジネスチャンスがあると考えます。

ベンチャー殺しの発想とは？

では逆に、ベンチャーが避けるべきなのはどんなビジネスなのでしょうか？

一つはこれまでも紹介してきたように、アイデア一つに頼ってのスタートアップです。アイデアがどんなに秀逸であっても、人材や資金力に勝る大企業がその分野に進出したら、ひとたまりもありません。

もう一つは「天井に穴が開いていない」ビジネスです。しっかりとしたビジョンやビジネスモデルがあり、マーケットに次々と新しい付加価値を創り続けることができるビジネス、つまり「天井に穴が開いた」事業でなければ、すぐに行き詰まってしまいます。

そして最後が「誰もやっていないからニーズがあるだろう」という安易な発想によるスタートアップです。世の中に困っている人がいてニーズがあるとなると成功すると思いがちですが、実際にはビジネスにならないものも多いのです。皆が手を着けていない理由も、実はそこにあるのかもしれません。

マーケットアウト・ビジネスは凡人ほど成功する

マーケットアウト発想のもとでのスタートアップにおいて、もう一つ心に留めておくべきことを挙げるとすれば、「世の中を変えるビジネスモデルは、日常視点のシンプルな発想から生まれる」という事実でしょう。

前項で「誰もやっていないからニーズがあるという発想は危険」と紹介しました。ニーズが特殊なものであればあるほど、需要は少なくなるのが当然です。それよりも誰もが困っていることを解決しようという視点からのスタートアップの方が、はるかに需要は多いのです。需要の見込めない突飛なニーズや奇抜なアイデア、すなわちプロダクトアウトな商品を発想するよりも、マーケットアウトの視点で、まずは自分の周囲を見回してください。

一消費者として日常の生活の中で、あるいは業務の中で、あなたは何に困っていますか？そこから発想することにこそ勝機があります。言い換えるとマーケットアウトビジネスでは、一消費者の立場を堅持できる人材こそ、成功の可能性があるということです。

こうした日常の消費者視点から発想して成功したビジネスの事例としては、価格.comが挙げられるでしょう。

価格.comは、買い物をする際、より安く買いたいという極めてシンプルな消費者ニーズに着目、とことん消費者の視点から発想され、成功したビジネスです。ビジネスモデルもシンプルの一言で、ウエブサイトに商品の価格を乗せ、サイトを訪れた人たちが自由に比較検討できるようにしたことにつきます。ですがこの極めてシンプルなビジネスは、消費者の購買行動を変えるほどの存在になっているのです。

成功に高度な最新技術や特殊な独創性は必ずしも必要としない

さらに付け加えれば、マーケットアウトビジネスでは高度な最新技術はそれほど必要とはされません。

プロダクトアウトな商品は、商品そのものが画期的であることが必要となります。アップル社のiPadやiPhoneは極めて成功したプロダクトアウト発想の商品ですが、この開発には高度な技術がふんだんに用いられています。

その一方、マーケットアウトビジネスは需要を探し出していく開発型の事業です。こうしたビジネスでは最新の技術や特殊な独創性は、必ずしも必要としません。価格.comのサービスは、端的にいうとウエブサイトに商品価格を掲載しただけなのです。

第7章でご紹介するマーケットアウトビジネスで躍進されている各企業のビジネスの中核もまた、ターゲットを絞る、シンプルにする、チャネルを転換する、資産を運用する、プレイヤーを束ねるなど、極めてシンプルな発想から生まれており、特に最新の技術が用いられているわけではありません。こうした数例を見るだけでも、資金力や人材面で大企業には敵《かな》わないベンチャーにとって、可能性があり、打って出るべきはマーケットアウトビジネスであることがわかるでしょう。

情報化社会においては、従来よりも飛躍的に低コストで、日本中にそのビジネスを知らしめることが可能です。言い換えればマーケットアウトからの視点のもと、消費者にとって本当にいいモノ、いいサービスをつくり出せれば、個人や中小企業にとって、非常に恵まれた環境が整っており、大企業が不況ゆえに首を縮めている今この時こそ、スタートアップするに最適なタイミングなのです。

現在、我が国には低金利のお金があり余っていますが、そのお金を活かして使える有望な事業が極端に不足しています。その受け皿となる新たな事業は、どんな人物が、どんなビジョンやビジネスモデルのもと立ち上げるものなのでしょうか？

時代を揺り動かし、並み居る世界の起業家たちを感嘆させ、日本を再び活力溢れる国へと再生させる産業とは、いったいどんなものなのでしょうか？

その創造に、私たちの主張する「マーケットアウト」の発想と「スタートアップファクトリー」が果たせる役割は、決して小さくないように思えるのです。

第7章

躍進するマーケットアウト企業に聞く「マーケットアウト」発想と私

「マーケットアウト」発想はすでに多くの企業に取り入れられ、この発想のもと、大きな躍進を遂げています。そこで「マーケットアウトビジネス」で注目の企業をピックアップし、トップの方々に、発想の秘密とベンチャーで成功するコツをお聞きします。

プロダクトアウトとマーケットアウトは陰陽のようなもの

アニコム ホールディングス株式会社
代表取締役社長　小森伸昭さん

「社会のリスクが減ったよね」──そう言われる保険会社をつくりたい

──御社グループの事業内容からお聞かせください。

中核子会社であるアニコム損害保険株式会社（以下「アニコム損保」）において、ペットを「種を超えた家族」として大切にする方に対し、ペット保険を提供しています。

事業を一言で申し上げるとこうなりますが、その奥にあるものはといいますと、人間は自分たちの都合で野生動物を何百年もかけて品種改良して、一人では生きていけない状態にしたペットというものに対してうすうす罪悪感を持っているものです。でもペットがいるおかげで自分は一生懸命生きていけるし、もしかしたらペットも喜んでくれているかもしれない――そんな命の共感を、保険という形で提供していると言えるかもしれません。現在は保険加入のペット数が34万頭、オーナー数は29万人、売上は100億円ほどです。世界最小規模の保険会社ではありますが、毎年加入ペット数は6万頭、オーナー数は4万人のペースで増えています。

当社のビジネスは、「保険業ってそもそも何業なのだろう？」という疑問の追求から生まれたものでした。つまり自動車会社だと、もとの原材料は鉄の塊に過ぎないわけです。それを車にすると、速くて、かっこよくて、女の子にモテるという商材になるわけです（笑）。

では保険会社がどんな付加価値を創造しているかというと、原材料は皆さんからお支払いいただく保険料で、事故にあった人に保険金をお支払いしているに過ぎません。保険会社はよく自らのことを「われわれは安全創造産業だ」と言いますが、実はそうとも言い切れない。生命保険が多い国ほど自殺は多いし、自動車保険が普及している国ほど自動車事故が多いからです。

僕に言わせると、「それのどこが安心創造産業なのよ？」と。安心創造産業であるならば、交通事故の多い交差点を立体交差化するなり、それが無理ならカーナビと連動するなどして事故多発地域をアナウンスするべきなのです。

ところが保険会社は、加入前はやいのやいの言ってきますけど、いざ加入するとシーンとしてしまう（笑）。火災保険に入った後、「天ぷら油に火が入ったら水をかけてはいけません」な

ビジネスモデル　ターゲットを絞る・転換する

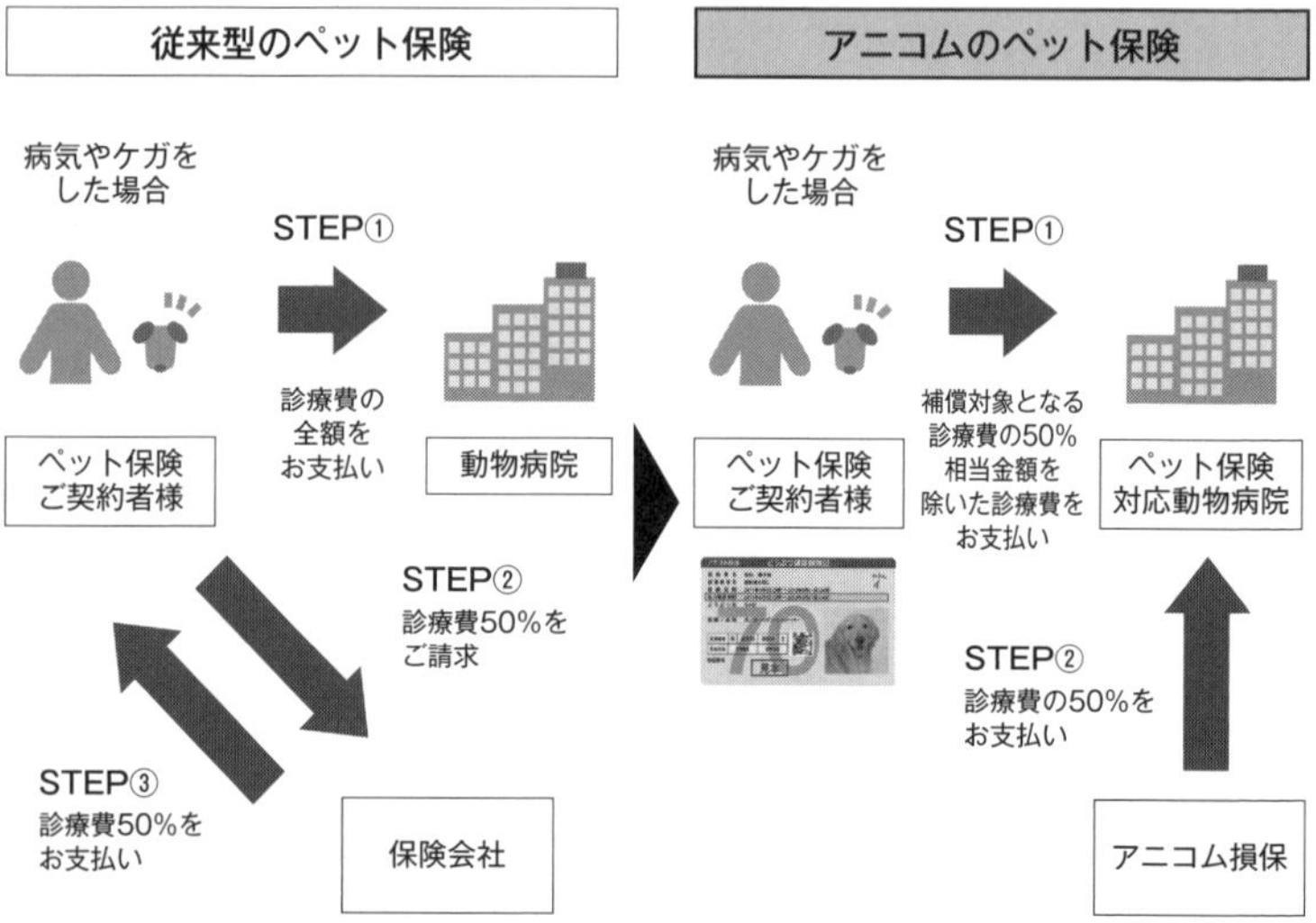

マーケットアウトの視点　ペット保険を「損害保険」から大切な家族のための「健康保険」※1へ

◆保険金事後請求型
（損害保険型）
保険金請求の複雑な手続き（後工程）が必要
◆ペット＝モノとして扱うサービス

◆自己負担分のみの窓口精算
（健康保険型）
わかり易く、保険金請求の手続き（後工程）が不要。
◆ペット＝家族として見るサービス

※1　金融庁の登録上は損害保険

アニコム ホールディングス 株式会社

〈会社概要〉

・所在地　東京都新宿区

・事業内容
ペット保険専業のアニコム損保等を子会社とする保険持株会社として、子会社の経営管理を業とする。

・資本金　4,157百万円
※2011年3月末現在

・子会社
アニコム損害保険㈱、アニコム パフェ㈱、アニコム フロンティア㈱

・従業員数　244名
※グループ全体　2011年3月末現在

〈連結業績〉（2011年3月期）

経常収益　11,107百万円
経常利益　342百万円
当期純利益　421百万円

〈アニコム損保の経営パラメーター〉

保有契約件数
340,628件（2011年3月末現在）
対応動物病院数
4,853病院（2011年3月末現在）
※全国の動物病院数は、10,135病院（2009年12月末現在　農林水産省）

〈企業理念〉

「ani（命）＋communication（相互理解）＝∞（無限大）」

「命」と「命」、人と人がお互いに理解しあい、協力することが原点となって、無限に新たな価値を生み出す

〈沿革〉

2000年4月
任意組合としてanicom（動物健康促進クラブ）設立

2000年7月
anicom（動物健康促進クラブ）から「どうぶつ健保」（ペット共済）に係る事務を受託するため、㈱ビーエスピー（現当社）を設立

2000年11月
anicom（動物健康促進クラブ）が「どうぶつ健保」（ペット共済）の募集を開始

2004年12月
アニコム パフェ㈱を設立（100%子会社）

2005年2月
アニコム フロンティア㈱を設立（100%子会社）

2006年1月
保険会社設立準備のためアニコム インシュアランス プランニング㈱を設立（100%子会社）

2007年12月
アニコム インシュアランス プランニング㈱がアニコム損害保険㈱に商号変更・損害保険業免許を取得、アニコムホールディングス㈱が保険持株会社としての認可を取得

2008年1月
アニコム損害保険㈱が営業を開始

2010年3月
アニコム ホールディングス㈱が東京証券取引所マザーズ市場へ上場

〈代表者〉

代表取締役　小森　伸昭
1969年神戸市生まれ。92年京都大学を卒業し、東京海上火災保険（現・東京海上日動火災保険）に入社。官公庁や法人向けの営業に従事。後に3年間、経済企画庁に出向し、経済白書を担当。2000年7月、現・アニコムホールディングスを設立、社長に就任。

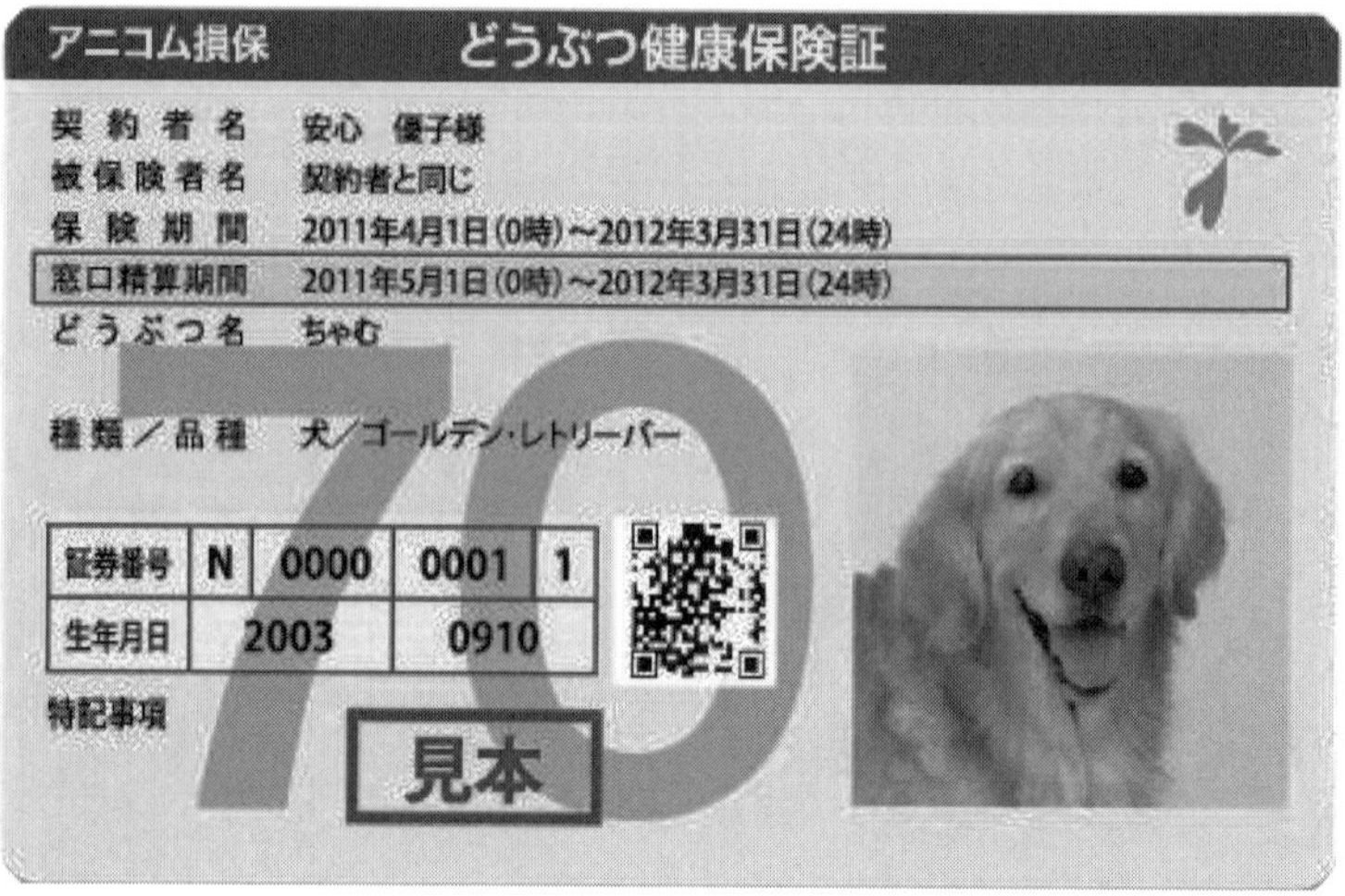

んてことを言ってくれる保険会社なんてありませんよね。我々はそうでなくて、「あの保険会社があったおかげで社会のリスクが減ったよね」。そう言われる保険会社を作りたいと思ったのが始まりでした。

――そうした素晴らしい保険哲学がありながら、社内ベンチャーとしてではなく、東京海上火災保険を退職し起業されたのはなぜでしょう？

ペット保険そのものは実は100社、200社が考えて頓挫しているビジネスなのです。「ペット保険があればいいなあ」とは誰もが思うことですが、実際に保険料を払うとなるとペットオーナーの9割は躊《ちゅう》躇《ちょ》してしまうことや、加入者の50%が平均年4回、保険金請求をするという支払い頻度が極めて高い保険であるため、事務処理コストが膨大になってしまうといったことが頓挫した理由です。大手保険会社にしてみれば、リソースのかけ方の順位が違うといいますか、そんな面倒な事業を立ち上げるよりも、自動車損保の加入率を1％上げる方がずっと利益になりますしね。それで10年前、弟が獣医だったこともあり、共済形式からペット保険を提供し始め、7年後にようやく保険業の免許をいただき、その2年後に上場することができました。

支払い頻度が高いがゆえに事務処理コストが高くなるというペット保険が持つ課題は、人間の健康保険と同じように、保険金請求の部分は病院に一旦プールしてもらい、1カ月に1回、他の患者さんの分もまとめて病院から一括で保険金請求をしてもらう「対応病院」のしくみをつくり、インフラ整備をすることで解決しました。このしくみの構築が鍵となりビジネスが成立したのです。

起業するということに対しては、僕は自分を追い詰めることも必要だと思っています。

自分の起業そのものは後先考えず、ノリのよさで立ち上げたようなところがありましたが、東京海上という「寄らば大樹の陰」から離れる決意をするのが大変でした。本当にこれでいいのだろうかという葛藤があるのですが、「この会社を卒業して起業します」と人に言うと「やめておけ」と押し戻されてしまうのです。そんな葛藤をロックして、不安は外に出さないと自分自身に言い聞かせることにしました。阪神大震災にあったことも決意を後押ししてくれたと思っています。あの地震で死んでいたかもしれない、だったら大きなチャレンジをしてもいいんじゃないかと。本当の苦労は起業後に来るもので、起業時の苦労なんてそれに比べればなんでもないのですが、起業時に絞って考えれば、僕にとってはそれが一番大変でした。

――では起業されてからの苦労とはどんなところだったのでしょう？

単純ですが、「事業とは予想通りにはいかないものだ」ということでしょうか。

事業のプランづくりをしている時は「捕らぬ狸の皮算用」で、いろいろなプランを考えるものです。ですが実際事業を始めてみると、様々なイレギュラーが起こります。起業に慣れた人だったら思い通りにならないことにも慣れているのでしょうが、初めての起業ですからそのイレギュラーを受け入れる柔軟性がない。「まさか思い通りにならないことが訪れようとは！」と、そのこと自体に愕然《がくぜん》としましたね。

それで愕然とするだけならいいけれど、運転資金でお金は日々出ていき、再起できるだけの資本がない。そうするとすべての歯車が逆回転を始めてしまうんです。最初、会社をつくるというと「頑張れよ！」とみんなが声をかけてくれるし、銀行さんも「社長さん！」とか言ってきてくれる。小さいけれどプラスの循環が始まるんです。でもこれはダメだ、となった瞬間から銀行さんは寄り付かなくなりますし、借金の取り立ても始まる。ある瞬間からマイナスの循環が始まるんです。

そういうことが初めからわかっていればどうってことないのでしょうけど、それを知らなかったものだから、負の循環に自分の心の整理のスピードが追いつかないんです。そうこうしているうちに今度は現実的な負の循環が始まって、家賃が払えない、印刷代が払えない、頑張ってくれた社員の給料が払えない……。こうなると打つ手がありません。自殺しようとロープまで買ったこともありました。

そうなるまでに「広告の打ち方を変えよう」とか、一度したことを反省した上での再チャレンジをしておけばいいのでしょうけど、負の循環になるまではそんなこと考えたこともありませんでした。いきなりドッボまで行きましたからね。「世の中は思い通りにならない」っていう、実に当たり前のことなのですが、それを理解するまでが大変でした。

――そうした経験から、「スタートアップファクトリー」ができることとはどんなことでしょう？

ベンチャーには甘いも辛いも両方あるということを教える、ということのように思います。つまり起業には夢もあるけど、リスクもあるのだということです。でもそれって、知っていたらリスクではなくなるんです。知らぬままドツボにはまると慌ててしまうものですが、そうした時の資金調達のスキーム、人材提携のスキーム、パートナー紹介のスキームなどを教えてもらえれば、いざそんな場面にぶつかった時うまく乗り越えられる可能性は極めて高くなると思います。つまり失敗は成功のもと、ということを何回も教えてもらえると起業に対する気迫が高まるように思います。そしてこれが、「スタートアップファクトリー」にできる一番のことではないでしょうか。

いつかは日本人もベンチャーに立ち上がる

――自ら起業された立場から見て、日本にベンチャーを興そうという気風が乏しいのはなぜだとお考えでしょう？

日本で起業活動が少ないとすると、今がちょうど起業そのものが少ない時期に当たるからではないでしょうか。これは30年とか60年とか周期で来るものらしいですが。

ただこの30年間は、安定を求める風潮が強すぎたのではないかと思います。実際、戦後の復興を果たし、今までのやり方のままでも世界で勝てるし、どうにかなるという刷り込みがある。これからの世代が「それではいかん」と悟った時には、日本はデフレになってしまって一気に総悲観状態になってしまった。先行きの見通しも少子化や人口減少などで暗くなる一方で、若い人たちが「自分一人が頑張ってもどうにもならない」と思ってしまっています。誰も自分が起業して大企業に勝てるなんて思いませんよね。

でも実はこの考え方は間違っていて、これまでの社会の解体が進んでくると、勇気と気合いと根性さえあれば、大企業にも打ち勝てるビジネスを立ち上げられるのだと思います。こうした例が次々起こって小さな力でも大企業と渡り合えると理解されれば、人々のチャレンジ意欲が一気に増していくと思いますね。

ただ日本が本質的にまだ困っている社会じゃないということも、起業が少ない原因の大きな要因になっていると思います。

マクロ的には日本にはまだまだ貯蓄がありますし、失業率だって他国と比べれば非常に低い。それがアメリカのように貧富の差が激しくなって、スラム街に住むか高級住宅街に住むかと問われるような社会になれば、嫌でも起業の機運は高まるでしょう。

源平合戦を見ればわかるように、平家は徹底的にファンキーな海族で、源氏は保守的で封建的な山族でした。日本の社会は、そんなファンキーな海族主流の時代と保守的な山族主流の時代を100年200年という長いタームで繰り返しているような気がします。今は山族の最後の時期だと思います。でもいつかは日本人もまた、海に漕《こ》ぎ出していくと思いますね。

マーケットアウトはビジネスの本質そのもの

――小森社長とマーケットアウト発想との出会いとは、いつ頃のことでしょう？

競合が参入してきた頃のことですね。損益分岐点が見えてくると、必ずライバルが参入してきます。向こうは資本力に物を言わせてくるし、ビジネスのスキームもコピーしてきます。そんな時に知ったのが、マーケットアウトという思想でした。

僕自身はプロダクトアウトに生きるのに慣れていました。これは僕だけに限りませんが、日本では学校で受ける教育自体もプロダクトアウトなもののように思います。

たとえば女性を愛することを考えても、僕は自分が好きだから愛していたわけです。これはプロダクトアウトな発想です。でも本当に愛しているのなら、自分の欲求を抑えて相手を尊重し、融合していくべきなのです。これはマーケットアウトの発想そのもので、実はビジネスの本質そのものだと思います。

ビジネスで儲けたいと思うのなら、自分（供給者）がどう思うかでなく、相手（消費者）がどう思うかを考えること、すなわちマーケットアウトこそが大切でしょう。この発想を、僕は独立するまでは完璧には持てていなかったような気がしますね。

僕はマーケットアウトとプロダクトアウトとは、中国や韓国でいう「陰陽」のように思います。陰と陽が無限に混じり合うという思想です。お客様の利益と供給者の利益は相反するものですけれど、バランスをとらないと商売としてはダメですよね。マーケットアウトとプロダクトアウトという発想を知ったことで、心の中でこの二つがぐっと手を握り合ってくれて、ほっとしました。

――社長の中では片方が特出したものではないということですね？

僕の中ではそうですね。マーケットアウトとプロダクトアウトは時間の経過に従って輪廻転《りんねてん》生《しょう》しているような気がします。

たとえば人事を例に取ると、「誰かこれをしてくれへんか?」というのはマーケットアウト、「俺やりたいねん!」と手を上げるのはプロダクトアウトです。それで初々しく働いているうちはいいんですけれど、そのうち「持たざる経営」に反して権限やプライドを持ってしまって、「俺の言うこと聞かんかい!」とプロダクトアウトが助長されてしまう。

でもそこでみんなから反発されて「俺が悪かった、すまん!」となれば、真にマーケットアウトできたことになって、リスタートが可能です。

そういう意味では、マーケットアウトとプロダクトアウトはいろんな変遷の中でスイッチしながら成長しているように思います。そしてこれは、企業そのものも同じだと思いますね。

どの企業にも生きたい、生き残りたいというエゴがありますが、市場との対話を真摯《しんし》にする勇気があれば、きっと生き残ると思います。「失敗は成功のもと」ですが、実は「成功は失敗のもと」でもあって、供給が調子付くと、どうしても計画経済にしたくなります。そうするとプロダクトアウトが肥大して在庫も持ちますし、無理のある販売計画を持ってしまう。その時にマーケットアウトする心を持ち得れば、また成長することができると思います。

ですからビジネスでの成長というものも、詰まるところはこのマーケットアウトとプロダクトアウトの繰り返しにあるように思いますね。

日本にアジャストした起業システムの構築を

ライフネット生命保険株式会社
代表取締役社長　出口治明さん

『戦後初、前例なし』を納得してもらうには？

――まずは御社の事業内容からお聞かせください。

生命保険をお客様に安く売る。基本的にはこれにつきます。

実はこの10年で、日本人の所得というのは15％ぐらい下がっています。どんな国でも一番お金がかかるのは子どもを育てることなのですが、子育てを終えた世代とこれから子育てをする世代とを比べてみると、後者がすごく貧しいのです。なぜかというと、収入が不安定なフリーターや派遣社員が多いからです。こんなことでは少子化の解消などできないでしょうし、私はこれこそがわが国が抱える最大の課題だと思っています。こうした状況の中で安心して赤ちゃんを産んでもらって、その上で保険に入っていただくとしたら、若い世代の保険料を半分にするより他にないのです。

では保険料を半分にするにはどうしたらいいのか？　インターネットを使うことです。

これはビールと同じです。自分でビールを買ってきて、自分で冷やして、自分で栓をぬいて自分で注げば1杯200円もあれば飲めるでしょう。ですが居酒屋で飲めば400～500円ぐらいにはなってしまう。差額は何かというと、居酒屋で働く人たちの人件費や物件費です。当社はインターネットの中にしか店がありません。大手保険会社が全国に1500店ぐらいの支店を持ち、それらの人件費や物件費、水道光熱費を支払っているのに対し、当社にはそれがない。だから当社は保険料を半分にできるのです。

――そんなインターネット専売の保険会社設立には、どんなご苦労があったのでしょうか？

生命保険は認可事業です。法律で定められている最低資本は10億円、相場は50億円といわれています。我々は結果的に132億円集めました。

そうした中で一番大変だったことはというと、株主にいかに納得していただくかでしょうか。どういうことかといいますと、戦後、保険会社の認可をもらった企業は何十社とありますが、どれも内外の保険会社の子会社なのです。親が保険会社なら子が保険業をしたいと言えば

ビジネスモデル　サービスをシンプルにする

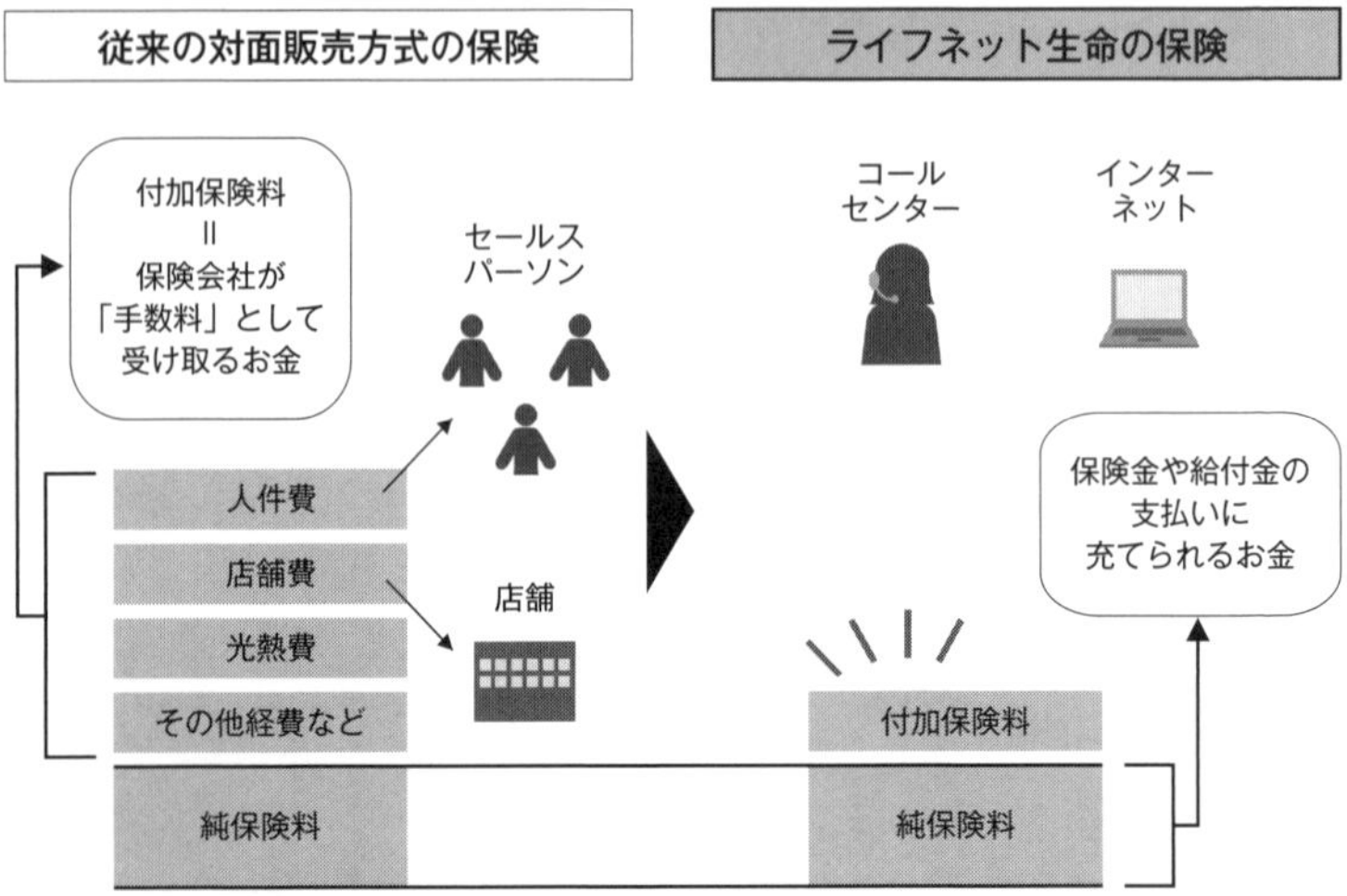

マーケットアウトの視点　インターネットによる販売と商品のシンプル化で低価格かつ、わかりやすい保険を実現

◆特約などが付加されることによる高額な保険料と複雑な中身

◆購入後に約款が手渡される商慣習

◆セールスパーソンによる販売網の維持コストが保険料に加算される仕組み

▶

◆必要最小限の機能に絞り込むことによる低価格な保険料とわかりやすい中身

◆約款の事前開示により、ユーザーは内容を理解し、納得してから契約できる

◆インターネット販売による販売コスト削減

⇒低価格と24時間申し込み可能な利便性を実現

ライフネット生命保険 株式会社

〈企業概要〉

・所在地　東京都千代田区

・事業内容

インターネットを主な販売チャネルとする新しいスタイルの生命保険会社

・資本金等　132億20万円

※2011年3月

・役職員数　66名

※2011年3月

〈業績〉（2011年3月期）

保有契約件数　63,190件

保有契約金額（保有契約高）

668,081百万円

年換算保険料　2,660百万円

〈企業理念〉

「正直な経営を行い、わかりやすく、安くて、便利な商品・サービスを供給する」

〈沿革〉

2006年10月

マネックス・ビーンズ・ホールディングス（現マネックスグループ）、あすかDBJ投資事業有限責任組合から1億円の出資を受け、生命保険準備会社「ネットライフ企画株式会社」を設立

2007年6月

ウェブサイトを開設

2008年3月

「ライフネット生命保険株式会社」に商号変更

2008年4月

生命保険業免許を取得

2008年5月

営業開始

2009年6月

日本初となるモバイルサイトでの保険申し込みサービスを開始

2010年2月

生命保険では初となる、本格的な個人向け就業不能保険「働く人への保険」の販売を開始

〈代表者〉

代表取締役社長　出口　治明

1948年、三重県生まれ。1972年京都大学法学部を卒業し、日本生命に入社。企画部、財務企画部にて経営企画を担当。1988年に生命保険協会・財務企画専門委員長として金融制度改革や保険業法改正のために尽力。ロンドン現地法人社長、国際業務部長などを経て同社を退職。2006年準備会社を設立。2008年現職就任。

免許が下りるのは簡単です。子に何かあったとしても、親にノウハウもお金もありますから。ところが親が保険会社であれば、子が「保険料を半額にしたい」と言えばNGを出されるのは目に見えています。親への影響があるからせめて2~3割カットにしておけと言われるでしょう。だから親がいない保険会社をつくろうとしたのです。我々が目指したのは半額にすることで、これは親がいない我々だからこそできたのだと思います。ちなみに親なしで免許をもらったのは当社が戦後初めてです。その前はというと日本経団連が設立した日本団体生命で、76年前のことになります。

そうしたこともありまして、全株主から徹底して聞かれたことは、「戦後一例もないのに本当に免許が下りるのか?」ということでした。そうした株主を説得しながら資金を出していただくのが、なんといっても一番大変なことでしたね。ちなみに準備会社をつくったのは2006年の10月、2年後の2008年の9月までに免許が下りなければ、余ったお金は分けて解散するという契約で資金を出してもらいました。幸いにも2008年4月に免許が下りました。

それにしても事業における困難の突破口とは、正攻法しかないように思いますね。

私たちも正攻法で毎週金融庁に通い、金融庁が要求する資料を用意し、株主の質問にも全部答えるよう心がけました。これはどんなビジネスでも同じだと思いますが、困難の解決に近道はありませんね。「急がば回れ」で正攻法、正面突破、直球勝負を旨として、カーブもシュートも投げないこと。これが困難を突破する、ベストかつ最も早い方法だと思います。

失敗に不寛容な社会から脱却し、失敗を活かせるシステムを

――しかし「保険料を半額」とは、まさに消費者起点、マーケットアウト発想だと思います。

全世界のすべての産業は、そもそもみな消費者起点で始まったものではないでしょうか。近代になって生産力が向上したことにより、供給すれば需要がつくり出されるという側面は確かにあるような気がします。ですが「需要ファースト」が本来でしょう。私は歴史オタクなのですが（笑）、人類が世界に広がったのも、草の実を食べるよりビフテキを食べたいという食欲ファースト、需要があればこそだと思いますね。ちなみに「供給ファースト」のものを挙げるとすれば、趣味の品やファッションや豪華なものでしょう。たとえば純粋にプレジャーなものである宝石などは供給ファーストですね。ですが食料品あるいは生命保険といった社会のインフラになるものは、需要ファーストでなければ意味がないように思います。

――ライフネット生命保険はその需要ファーストの保険ベンチャーとして誕生したわけですが、日本でベンチャーが育ちにくい理由はいったいどこにあるのでしょうか？

私は人間を賢い動物だとは思っていません。20世紀に世界大戦を2回もし、戦争はいけないことだとわかっているのに、今でもイラクとアフガンで戦争をやっている。これを見ても人間

が賢くないのは明らかでしょう。ところが決して滅んでいない。それはなぜかと考えると、馬鹿ではあるけれど歴史や世界の人々と相談して、相対的には間違いの少ないことをしてきたから生き残っているのだと思います。

私はこれを「縦横思考」と呼んでいるのですが、昔の人がどうやって生きてきたかを学び、世界の人がどうやっているのかを虚心坦懐に勉強すれば、どんな問題でも解決方法は見つかると思います。こうした視点から日本のベンチャー育成を見た場合、アメリカと比較すれば一発でわかります。つまり日本にベンチャーが少ないのは、失敗を恐れてのことだと思います。

アメリカでは2回、3回失敗した人にこそお金が集まるとよくいわれます。つまりあれだけ痛い目にあったのだから今度こそ失敗しないだろう、バックアップして成功させてやろうという風潮が社会全体にあるのです。

日本はどうでしょうか。村上(ファンド)事件や堀江事件を見てもわかるように、日本では一度失敗したら坊主になって懺悔《ざんげ》をし、引退しなさいという風潮です。痛い思いをしないで立派なベンチャーなど育つはずはないのです。もちろん失敗した人がまた失敗する面もあるので、失敗した人だけにお金をつけるのもダメですが。この不寛容さ、この鎖国思考が日本のベンチャー育成を阻害しているばかりでなく、多くの問題のガンになっているように思います。

——では日本のベンチャービジネスを盛んにするためにはどうしたらいいでしょう?

ベンチャーが成功するなど十に一つだと思います。それを理解した上で、失敗の経験を活かせる社会なりシステムなりをつくることだと思います。アメリカの大成功者には、2回、3回、ものすごく痛い思いをした人が大勢います。

ちなみに私は日本だけで通用するベンチャー育成のシステムというものは存在しないと思います。うまくいくシステムがあるとしたら、それは世界共通のものではないでしょうか。ただその世界共通のシステムを日本風にアジャストさせる必要はあるように思いますし、アジャストさせたものという意味で日本独自というのであれば、それはありうると思います。逆に直輸入したとしても、世界との落差が大きすぎて失敗してしまうでしょうね。さらにいい換えると、万国共通でないもので成功するものはないとさえ思っています。

それにしても失敗体験を活かすことは本当に大切ですね。めちゃくちゃ大切だと思います。

斬新なアイデアはインプットから生まれる

――ベンチャーに欠かせない斬新なアイデアの発想法についてアドバイスをお願いします。

世界中の偉大なビジネスで、過去から学んでいないものはないと思いますね。

坂本龍一という音楽の天才にして偉大な作曲家がいますけれど、彼は「自分に創造力なんて少しもない」と言い切っています。ただ両親に理解があって、小さい時から音楽が好きだといえばレコードでもなんでも買い与えてくれ、それを無数に聴いてきたのだと。そして聴いて自分の中に蓄積されてきたものを組み合わせているだけだと語っています。

ビジネスアイデアも同じでしょう。人間が生み出してきたものはビジネスも含めてすべて「Standing on giant's shoulders（巨人の肩の上に乗る）」からこそ、できるのだと思います。

ですから斬新なビジネスアイデアを生み出したいと思ったら、まずはインプットすることです。具体的には、縦横思考で世界中を歩き、自分の目で素直に見て回ることだと思います。本を読んでも、新聞を読んでもいいと思います。「脳みそに釣り糸を垂らす」と言いますが、脳みそはインプットしなければ空っぽで、釣り糸を垂らしても何も釣れません。ですからひたすら縦横にインプットすることでしか、アイデアなんて生まれてこないと思います。

ただいくらいいアイデアが生まれたとしてもそれだけではビジネスにはなりません。マネタイズすることが必要です。ではマネタイズするとはどういうことかというと、数字とファクトをベースにして、ひたすらロジックを積み上げることだと思います。つまり数字とファクトでロジックを紡ぎ、ビジネスプランをつくり上げることが大切なのです。そういうビジネスプランなら、日本語でも、英語でも、ロシア語でも相手に通じる、すなわち日本人にも、アメリカ人にも、ロシア人にも通用するビジネスアイデアとなり、それこそが、世界に通用するビジネスになっていくのだと思います。

ちなみに私は競争至上主義者でありまして、頑張らなければメシは食えない、と思っています。ただこの「頑張る」という意味が、40年体制（大日本帝国が戦争をより効果的に遂行するために敷いた国家社会主義的な体制のこと。太平洋戦争後も官僚統制、銀行本位制などの中で継続され日本の高度経済成長を支えた）の中で間違った捉え方をされていると思っています。

40年体制というものがどういう時代だったかというと、アメリカという明確なモデルがあって、アメリカに追いつき追い越せで言われるがまま働いていればよかった時代です。考えなくても所得が倍になる夢のような時代でした。そこでみんな考えることを忘れ、頑張るということがただの精神論になってしまった。新入社員に東京駅で１００枚の名刺をもらってこいというような入社研修をする経営者がいるそうですが、これは有害無益な精神論です。

ではこれからの時代の「頑張る」ということがどういうことかというと、人と違うことを考えなければメシが食えないという方向に行くべきだと思っています。

私はピーター・ドラッカーを世界でも最も優れた経営学者の一人だと思っています。日本人は彼の著書をアメリカ人の3～5倍は読んでいるのではないでしょうか。それでも、株価がピーク時の4分の1になってしまったのは、日本人が考えないからだと思います。

人と同じことを考えていてはメシは食えません。人と違うことを考えてマネタイズするには精神論ではダメで、よく食べて、よく眠り、楽しくなければいいアイデアなんて出るわけがないのです。若いうちは不眠不休で働けなどという経営者がいますけれど、僕に言わせると、愚の骨頂だと思いますね。

「スタートアップファクトリー」がベンチャーの助走路を滑走路に

ケアプロ株式会社
代表取締役社長　川添高志さん

自己採血・診断なしのセルフ健康チェックサービス

——ワンコイン（500円）検診とは手頃ですね。事業発想のきっかけをお話しください。

もともと病院で看護師をしていまして、その頃の経験がきっかけです。糖尿病の患者さんたちの中には、何年も健康診断を受けなかったために病気を悪化させてしまい、足を切ることになってしまうような重症の方が何人もいました。ちなみに日本には、「1年以上健康診断を受けていない人＝健診弱者」が、子育てなどで時間がない主婦、フリーター、自営業の方などを中心に3400万人ほどいるといわれています。

これは社会的に大問題だと思いました。それでこうした方々のために、一検査500円で、結果がその場ですぐにわかり、健康保険証がいらない健康チェックサービスを提供しようと2007年12月にこのビジネスを立ち上げました。出店場所や人材の確保など、1年の準備期間を経て、2008年11月に第一号店となる中野ブロードウェイ店をオープンしました。現在は路面店の他に、商店街やパチンコ店などの求めに応じ、主催者からイベント費用をいただく形での無料健診サービスなども積極的に行っています。

利用者の声を聞くと、フリーターの方は安さに価値を感じ、主婦や自営業者など忙しい人は速さに価値を感じ、外国の方は保険証がなくても受けられることに価値を感じていただいており、価値の感じ方は立場によって違うようです。

事業のアイデアに関しては、10分1000円のカットで知られる「QBハウス」を参考にしましたね。QBハウスは髪を切ることにフォーカスし、コスト効率を高めることで安くて速いヘアカットサービスを実現しています。我々ケアプロも、医師の立会いが不要な自己採血とし、さらに医師による診断なし・投薬なしというサービス設計で安さを、そして3分で結果がわかるという速さを健診で実現したのです。また大学3年生の時にアメリカで見た、ウォルマートなどに出店している「ミニッツクリニック」も参考になりました。買い物の途中で、健康診断やインフルエンザのワクチン接種などを気軽に受けることができるという、主に保険証を

ビジネスモデル チャネルを転換する

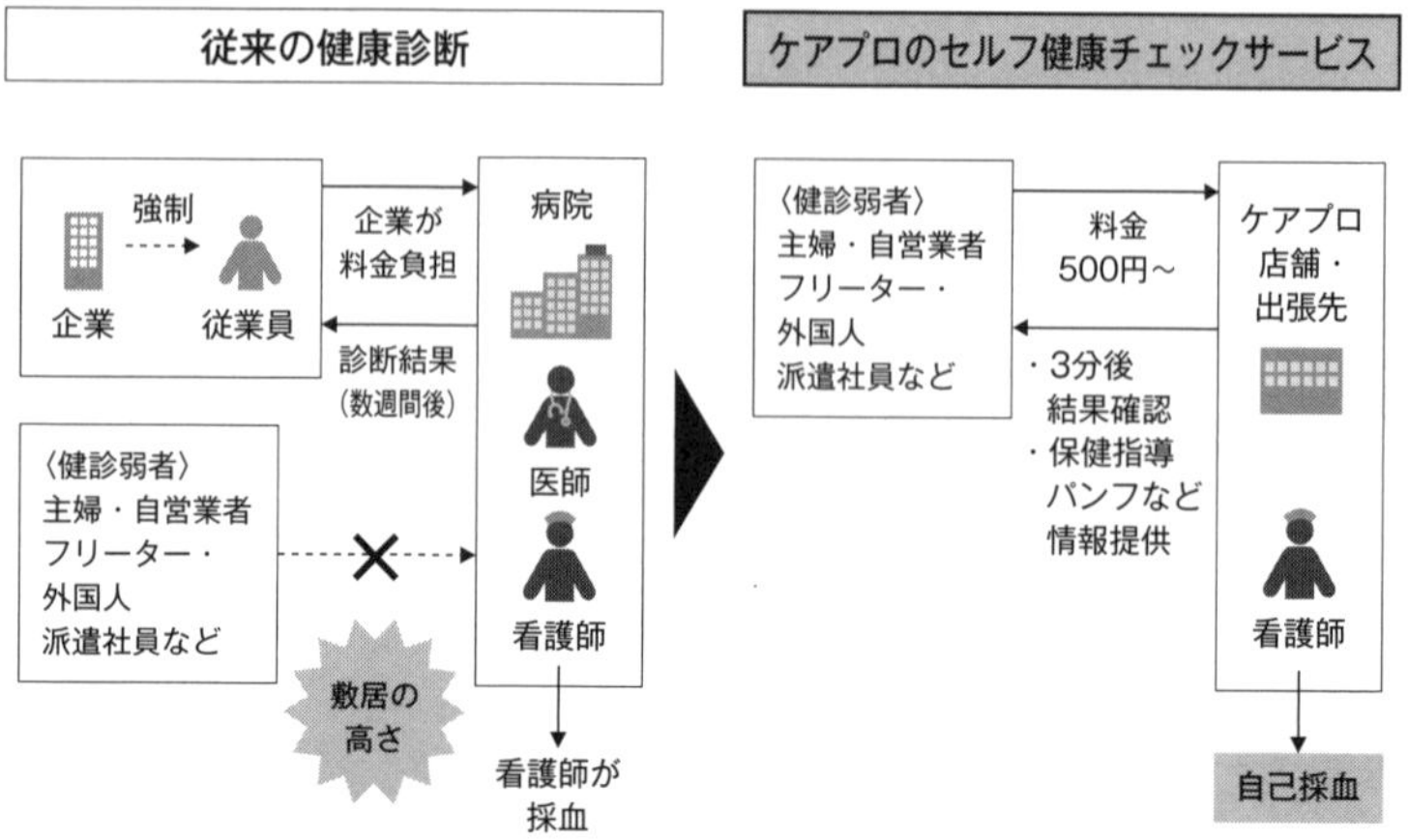

マーケットアウトの視点 安い＝500円、速い＝3分、気軽＝健康保険証不要、の健診で健康の自己管理を促進⇒生活習慣病の予防⇒医療費削減へ

◆病院に行く（要予約）	◆近所のケアプロの店舗または出張先へ行く（予約不要）
◆所要時間が半日以上かかり、結果が出るまでに1週間～数週間かかる	◆結果が出るまで3分のスピードを実現。待ち時間と結果が出るまでの時間をカット
◆医師による診断があるため、価格が高い	◆自己採血とし、また医師が必要となる診断、投薬をしないことでコストをおさえ、1メニュー 500円～の低価格を実現
◆保険証がない場合、自己負担コストが高くなり受けられないケースが多い	◆保険証が必要ないため気軽に受けられる

ケアプロ 株式会社

〈企業概要〉

・所在地　東京都中野区

・事業内容

1年以上健康診断を受けていない「健診弱者」を対象に、ワンコイン健診を行う。予防医療事業、健康データ管理事業、看護師・保健師派遣事業

・資本金　10百万円

※2011年4月

・役職員数　8名

※2011年4月

・延べ利用者数　48,000人

※2011年4月

〈企業理念〉

革新的なヘルスケアサービスをプロデュースし、健康的な社会づくりに貢献する

〈沿革〉

2007年12月

会社設立

2008年7月

システム開発完了。スポーツクラブ（メガロス調布）にて初めてのセルフ健康チェックサービスを実施

2008年11月

常設1号店（中野店）オープン

2009年2月

ドラッグストア、パチンコ店、製薬会社のイベントなどへ順次出張サービスを開始。また企業への保健指導サービス開始

2010年11月

常設2号店（イオン与野SC店）オープン

2011年1月

社会人イノベーター公志園審査委員特別賞受賞。横浜市より助成金の交付決定

2011年3月

東京都より助成金の交付決定

〈代表者〉

代表取締役　川添　高志

（看護師・保健師）

1982年横浜市出身。2005年慶應義塾大学看護医療学部卒業。2006年より東京大学病院で看護師として糖尿病教育に従事。東京大学医療政策人材養成講座に通い、現在の「血液検査」事業を構想し、同講座優秀成果物「特賞」を受賞。2007年同病院を退職、慶應義塾大学SEA-ビジネスプランコンテストで、「The best new markets award」を受賞。2007年12月 株式会社ケアプロを設立。

持っていない人を対象としたサービスなのですが、今後日本も同じような保険構造になっていくと考えていたので、大きな可能性を感じました。

――そうした事業を立ち上げるのに際し、最も苦労されたのはどこでしょうか？

法律上の確認でしょうか。つまりケアプロ設立以前には、自己採血で健康をチェックするというビジネスが存在しなかったのです。それで東京都や厚生労働省の担当部署に足を運び、自己採血による健康チェックの合法性を確認しました。

ただ最も時間を取られたのは出店場所の確保でしたね。当初は駅ナカなどへの出店を考えていたのですが、実績がまったくない。また店舗規模としては2～3坪あれば十分なのに、こうした小さい坪数で貸してくれるところもなかなかない。中野は商店街が発達していて自営業者、フリーターが多く、また住宅地であるため主婦層が厚いなど、マーケティング的にぴったりだったのが第一号店の出店エリアとした理由ですが、丁度よい店舗物件を探すのがなんといっても一番大変なことでした。

規制緩和で一気にブレイクの可能性も

――医療はマーケットアウトビジネスがブレイクする可能性の高い分野の一つであると考えて

いますが、この分野でベンチャーが活躍するにはどのようなことが必要でしょうか？

規制緩和、これが一番大きいと思います。法律が変われば一気に活発化するのではないでしょうか。例えば今の法律では、看護師が採血するには医師の指示が必要で、医師抜きでは看護師は採血することはできません。ですからケアプロでは、お客様ご自身で採血をしていただいているのですが、看護師が横にいるにもかかわらず自分でしていただくのは正直心苦しいです。かといって看護師が採血できるように医師に来てもらったら、とてもワンコイン・ビジネスとして成り立ちません。料金が上がってしまえば、現在の健診システムからこぼれ落ちてしまっている人達に受けてもらいたいという、ケアプロの理念から逸《そ》れてしまうことになりかねません。

それはともかく、こうした規制が緩和され、看護師が採血してもよいということになれば、「看護師に採血してもらえるのなら安心」と検査を受ける方はぐんと増え、ひいては医療費の削減にもつながるでしょう。

また検査の結果が悪かったとしても、どの病院に行っていいかわからない、医師にどう話していいかわからない、という方がたくさんいます。こうした方に紹介状を発行することができれば、お客様にも便利だし、紹介される医師側にとっても新しいお客様に来てもらえるため有難いはずなのですが、今の法律ではこれもまた違法です。こうした現場の需要を汲《く》み取ってもらい、規制緩和によって不便が解消されれば、ベンチャーが活躍できる場面は一気に広がると思います。

ただ予感というと大袈裟ですが、世の中がこのサービスを欲しているのは実感として感じています。つまりお客様側は、病院での検診は検査に時間がかかるのに加え、待ち時間が長いこと、検査結果が出るまでに1週間～数週間もかかること、やっと診てもらえても薬を出されるだけ、ということなどに対し多くの人が不満を持っています。

病院側は、たとえば健診で血糖値が高ければ糖尿病にならないような食事の指導をするべきなのですが、食事指導をしたところで収入には何も貢献しないので、結果として収入となる薬を出すことだけで終わってしまっています。国側はといえば、予防医療がうまくいかずに生活習慣病が急増、保険財源が枯渇して、健康保険システムが崩壊寸前という状況にあります。こうした問題の解消につながるようケアプロのシステムをつくったわけですが、右記のような社会の大きな流れの中では、規制緩和や法律の改正は、決してありえないことではないと思っています。

――ケアプロの今後の展開についてはどのようにお考えでしょうか？

3年後の2014年までに100万人の方に利用していただくのが目標です。ちなみに開業2年足らずの2011年4月現在で、約4万8000名の方にご利用いただいています。利用者100万人を実現するためのサービス提供の新しい形としては、店舗に加え、ヤクルト・レディならぬ「ケアプロ・レディ」のようなシステムを作りたいと考えています。

現在、資格を持っていながら働いていない〝潜在看護師〟が全国に50万人ほどいるのですが、こうした方に検査キットをお渡しして、自転車で家々やオフィスを回ってもらえば、訪問健診が実現できると考えています。

フランチャイズに関しては、様々な企業様から要望をいただいておりまして、ドラッグストアの店頭などで展開することも検討しています。また企業とのタイアップ企画として「チャリティ検診」も始めています。企業様に寄付を募り、健診の機会のないホームレスの方などにセルフ健康チェックサービスを提供しています。

先ほどの規制緩和に関しても、こうした実績を地道に積み上げることで健診の必要性を広め、世論を味方にすることが欠かせないと思っています。

お客様の変化を直接感じられるのが喜び

――川添社長は看護師からの転身ですが、ベンチャーに挑む喜びとはなんでしょう？　またビジネスアイデアの発想法についても教えてください。

最初の質問に関しては、個人的に世の中にこういうサービスが必要だ、あって欲しいという信念がありまして、ただそれを貫きたいという思いだけでやっている気がします。

世の中にワンコイン健診が普及して、多くの人が自分の健康をきちんと自己管理するようになれば、病気になる人が少なくなって保険財源も健全化していくと思います。そうなればたとえ運悪く難病になったとしても、皆が安心して医療機関にかかれるのではないでしょうか。そのためにビジネスとしても成り立つようにしていかなくてはならないと思い続け、取り組んできました。

またこのサービスならではの喜びというと、お客様の変化を間近で見ることができるという点でしょう。

「10年間健康診断を受けていない、今まで健診なんか受けてみようとも思わなかった」という方が、ケアプロの健診で血糖値が500を超えていることがわかり、病院に行ってみたところ、ドクターもびっくりして即入院、食事療法の効果もあり幸いにも一命を取り留めたことがありました。その方が元気になって、またケアプロに足を運んでくださり、「ありがとう！助かったよ」と感謝してくださって。その後ケアプロを口コミで広めてくれました。

こうした口コミでの来店が明らかに増えています。前述の例などはケアプロがなかったら大変なことになっていたわけですし、そう考えると手応えも、やりがいも感じます。

発想法に関しては、みんなは何に困っているのだろうかと考えて、そこを掘り下げていくことと、実際に何が不便かを聞くことが大切だと思っています。

実は私も看護師時代に病院で患者さんに接しながら、「どうして健診に行かなかったのですか？」「どうしたら健診に行きますか？」とシンプルな問いかけを続けました。そうすると、皆さん意外と答えてくれるものなんです。このビジネスも、こうした問いかけが発想の原点になっています。

「スタートアップファクトリー」でベンチャーが活気づく

――川添社長は、弊社の事業開発室が主宰した事業プラン作成講座を受講され、ケアプロのビジネススキームは講座のコンペで優勝された「エキナカ保健室」が原型となっていますね。そんな社長の「マーケットアウト」についてのご意見をお聞かせください。

マーケットアウトは常に意識していかなくてはならないと思っています。

ワンコイン健診というビジネスモデルをつくりましたが、これをずっとやり続けることが弊社の目的ではなく、生活習慣病予防ひいては医療費の削減こそが我々のミッションです。そのためにもサービスをもっともっと改善していかなくてはいけません。

ただそうなると、普及のために自分たちだけでできることには限界があるので、フランチャイズなど新たな展開も考えなければならないでしょう。また、採血は痛いと敬遠する方もいます。こうした方のためには血を使わないで検査する機器など、メーカーと話し合って開発していく必要があると感じています。マーケットのニーズに合わせてサービスの展開を変えていくマーケットアウトの発想は、我々のビジネスには必要不可欠だと思います。

「スタートアップファクトリー」に関しても、間違いなく必要だと思いますね。自分の起業を振り返ると、パッチワークのような起業だったと思います。フェーズ、フェーズでいろいろな方や団体に支援していただき、その継ぎはぎで成り立ったように思います。「スタートアップファクトリー」のようなシステムがあれば、日本のベンチャーは大いに活気づくのではないでしょうか。そう考えると「スタートアップファクトリー」は、継ぎはぎだらけでガタガタ状態だったベンチャービジネスが飛び立つための助走路を、ハイスピードで駆け抜けて、スムーズに離陸ができる滑走路にしてくれるスキームのように思えます。

――では資金面はいかがでしょう？　ベンチャーとして資金面でのご苦労と、そのためのポリシーをお聞かせください。

ベンチャーは資金面での不安がつきものですし、出店一つをとっても物件や人材確保などの面で運転資金が必要不可欠です。弊社としても今後は出資を募ること、借入をすることが必要になってきます。

ただし出資を受ける相手先としては、単にお金だけではなく、事業を伸ばすために必要なリソース提供に協力してくれる企業が理想です。例えば鉄道会社さんから出資を受けるとすると、我々は安定的に出店場所の確保ができるようになり、鉄道会社さんは社会貢献ができる、このようにお互いにシナジーを発揮しあえるような企業と出会えればベストだと考えています。

我々のような社会インフラとしての役割を担うべき医療系ベンチャーは、事業を広く世の中に認めてもらうためにも、お金儲けを第一に考えるべきではないと思っています。もちろんビジネスとして成立させることは必要ですが、生活習慣病の根絶という弊社のミッションを第一とし、それを実直に行っていくことが何よりも大切だと考えています。

若者よ、借入はするな、他人の出資で起業せよ

株式会社一休
代表取締役社長　森正文さん

病気をきっかけにスタートアップを決意

――高級ホテルと旅館の予約サイトとして創業され、最近では一流レストランの予約も開始されるなど順調ですね。「スタートアップ」のきっかけからお話しいただけますでしょうか。

私は日本生命保険で投資の仕事をしていましたが、30歳の時、健康診断でC型肝炎が見つかり即入院となりました。C型肝炎は最悪の場合、死に至るケースもある難病です。インターフェロンと呼ぶ薬を筋肉に注射して治療するのですが、看護師さんが注射器を押すのがゆっくりでものすごく痛いのですよ（笑）。そんな治療をワンサイクル1年半、強い薬なのでインター

バルとして1年空けて、それから2サイクル目を1年半。幸い足かけ4年で完治したのですが、死をも覚悟した闘病体験と、それを乗り越えたことが起業のきっかけになりました。
　サラリーマンの生活は月曜日から金曜日まで漫然と過ごしてしまい、気がついたら1年が過ぎているということになりがちです。そんな時に病気になって足を止めて、人生はつくづく限りがある、たった一度の人生なら思い切り生きてみたい、もし病気が治るのならば、悔いのないように好きなことをしよう、そう強く実感できたのがよかったと思っています。では自分は何がしたいのだろうか、と考えました。ボランティアに打ち込むにはまだ早いし、日本生命保険で新たに何かをつくろうとしても、あらゆるシステムが出来上がっている巨大企業。「だったら自分で会社をつくろう」――そんな思いが込み上げてきたのです。

――退社を決意されてすぐに、一休.comのビジネスを思いつかれたのですか？

　最初は表参道あたりで高級ハンバーガーの店でもやろうかと考えていました。都内で店を出すとなると、どんな商売でもきっと1億円ぐらいは資金が必要になるに違いない。それで3000万円ほどあった貯金を増やそうと株式投資の信用取引に注ぎ込んだのです。3倍にするつもりが、たった1カ月で3分の1になりました。
　イソップ物語の「すっぱい葡萄《ぶどう》」のお話ではありませんが、きっと神様が必要なお金は1000万円だと言っているのだろうと（笑）。自分自身に無理矢理そう言い聞かせ、1998年

ビジネスモデル 資産を運用する

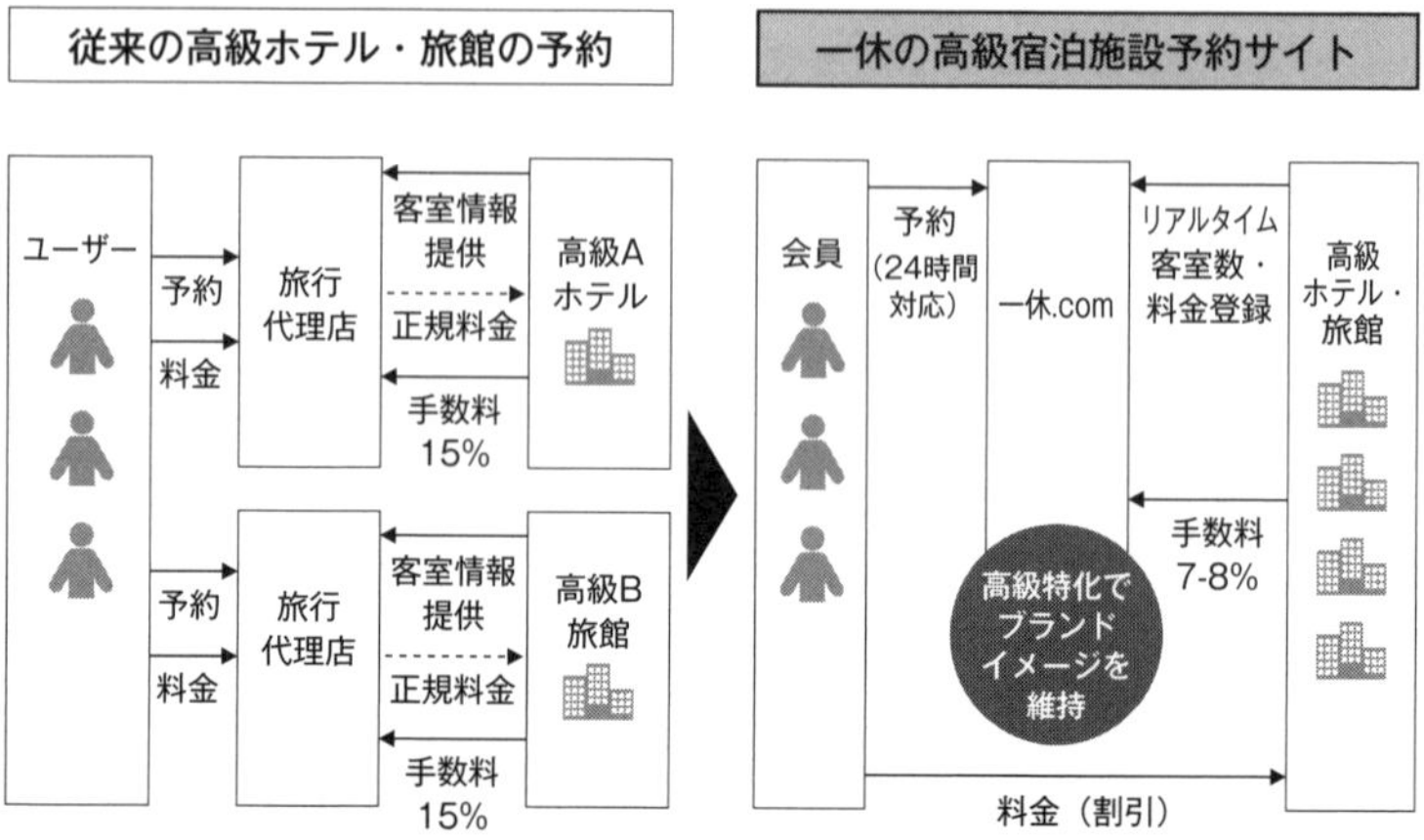

マーケットアウトの視点 “空室”という資産を、高級宿泊施設の部屋だけに特化することによりブランドイメージを維持しながら割引して販売する

- ◆ブランドイメージを維持のため、高級宿泊施設は空室があっても割引などの積極的販促策を打ちにくい
- ◆ホテル・旅館が旅行代理店へ支払う手数料は15%前後
- ◆リアルタイムの空室・料金情報を、多くのユーザーに伝えられない
- ◆ユーザーは宿泊施設別に空室情報を収集

▶

- ◆高級ホテル・旅館に特化することで、ブランドイメージを維持しながら空室の割引販売を実現
- ◆ホテル・旅館が一休へ支払う手数料は旅行代理店の半分程度
- ◆在庫提供数・料金を施設側でいつでも変更可能で、かつ多くのユーザーに伝えられる
- ◆ユーザーはワンストップで、厳選された高級宿泊施設の、安心でお得な情報を収集

株式会社 一休

〈企業概要〉

・所在地　東京都港区

・事業内容

高級ホテル・旅館専門予約サイト「一休.com」、ワンランク上の宿泊特化型ビジネスホテル予約サイト「一休.comビジネス」、厳選レストラン即時予約サイト「一休.com レストラン」、厳選ホテル・レストランのギフトチケットを取り揃えた「贈る一休」、高級ホテル・旅館・レストラン・スパのクーポン販売サイト「一休マーケット」の運営

・資本金　888百万円

※2011年3月31日現在

・従業員数　106人

※2011年3月31日現在

〈業績〉（2011年3月期）

営業収益　2,950百万円

営業利益　623百万円

経常利益　654百万円

総会員数　232万人

宿泊施設数　1,289件

〈企業理念〉

株式会社一休は、社会に役立つ新しい価値を創造し続けます

〈沿革〉

1998年7月

株式会社プライムリンクを設立

1999年10月

オークションサイト「一休オークション」（旧「eオークション」）を開始

2000年5月

「一休.com」を開設、高級ホテルの予約を開始

2005年8月

東証マザーズに上場

2006年6月

「一休.comレストラン」を開設、高級レストラン即時予約サービス開始

2007年2月

東証第一部へ市場変更

〈代表者〉

代表取締役社長　森　正文

1986年上智大法学部卒業後、日本生命に入社。

運用部門（資産配分の企画立案部門・融資・審査部門他）に所属。98年5月 日本生命を退社。同年7月株式会社プライムリンク（現・株式会社一休）を設立し、代表取締役社長に就任。2000年に立ち上げた高級ホテル・高級旅館宿泊予約サイト「一休.com」は、会員数232万人（2011年3月末現在）にまで成長。

5月に退職、7月にプライムリンク（現・株式会社一休）を立ち上げました。

日本生命保険を退職するにあたっては、正直不安はありました。ですが時間を浪費するのはもったいない。大企業では50歳になると先が見え出すというか、人生が消耗戦になっていきます。昔、ゲームセンターにコインを入れて前にあるコインを押し出すゲームがありましたが、出来上がった組織の中でただ押し出されるのを待っているのは空しい。「人生楽しくやらなきゃつまらない、ダメならどこかにまた就職すればいい」そう思って起業に踏み切りました。

業務内容も決めないで「スタートアップ」

――思い切ってのスタートですが、当初は仕事がまったくなかったと聞いています。

日本生命保険を定年退職して、「歌舞伎でも見て暮らそう」と言っていた女性に手伝って欲しいと声をかけて会社を立ち上げました。ところが立ち上げたはいいが仕事がない（笑）。9時が始業と二人で決めたのに、唯一の従業員である彼女は、毎日午後2時50分頃にやってくる。文句を言ったら「売上が1円もなくて、仕事といえば家賃や光熱費の記帳だけ。目の前の銀行に行くだけだからこの時間に来れば間に合う」と言われてしまって……。当時、何を仕事にしようかと経済新聞ばっかり読んでいたのですが、新聞を読んでもビジネスアイデアには出会わないということがわかりました。

そうしているうちに、「会社滅亡まであと〇日」と母親や知り合いから出してもらった資本金を食いつぶすまでの時間をエクセルで計算しだしたりして（笑）。何か仕事になることはないかと夢の中でも考え続けているような状態でした。そんな私を見ていた友人に、「何をやるか考えているうちに会社を潰す日本初の会社になるぞ」と言われてしまい、これは本当に堪《こた》えましたね。

ですが私は、会社をつくって自分自身を追い込まないと何もできないと思っていました。人生で何かやろうと思った時に、スロットマシーンで「7」が出揃うように、仕事や健康、恋愛、人間関係などすべてが完璧に揃ってスタートが切れるなんてことはありえない。ですから仕事内容も決めないまま起業したことについての後悔はなかったですね。

――そんな毎日の転機になったのはどんなことだったのでしょうか。

決定的だったのは、某財閥系企業の代表の一周忌での出来事です。会場にその財閥系商社の副社長がいらしたので「どんな業務をしているのですか」と尋ねると、「武器と麻薬と女以外はすべて売買する」という答えがかえってきたのです。正直、このような何十万、何百万種もの商材を扱うスケールの企業と戦っても敵《かな》いっこないと思いました。

同時にふと思ったことがありました。巨大な財閥系商社といえども、インターネットのホームページはトップページから始まります。起業したての小さな企業でも、トップページでブランドをつくることができれば肩を並べて戦えるのではないかと。私は投資の仕事に携わってきたこともあり、様々な米国企業の資料を取り寄せていました。当時、米国を中心にネットビジネスが急速に立ち上がり、大きな注目を集め始めていたのですが、その中で一番気になったのがＩＰＯしたばかりの世界最大のオークションサイトeBayでした。彼らは借入金もなく在庫も持たないのに、ものすごい高収益を稼ぐ。それでオークションサイトを日本で展開しようと決めたのです。

ようやくやることが見つかったと思いました。そして改めて日本生命時代の上司や同僚、友人たちに声をかけ「一生分の宝くじを買うつもりで僕に投資しろ！」と、ほとんど脅しだと皆に言われながら40人から１００万円ずつ、４０００万円を集めました。おかげでオークションサイトは立ち上がりましたが、今度は肝心の出品する商品がない。当初、アメ横や秋葉原に営業を仕掛けオークションの呼び水になるようなモノを集めようと奔走しましたが商品が出てこない。後になってつくづく思い知りましたが、アメ横も秋葉原も街自体がオークション会場のようなもので、他人のサイトへ提供する商品なんて出てはこないものなのです。

成果の上がらない営業の帰り道、ふと目を上げて見えたのが西新宿の高層ホテル。明かりのついている部屋もあれば、暗い部屋もある。「そうだ、ホテルの空き部屋をオークションに出せばいいんだ！」。これが高級ホテルの予約サイト「一休.com」の出発点でした。

ホテルオークラの参加でブレイクスルー

翌日からホテルへのアプローチを開始しました。するとセンチュリーハイアット東京（現・ハイアットリージェンシー東京）がクリスマスシーズンということもあり、一泊15万円のスイートルームを提供してくれました。1万円からオークションに出品すると、反対側にあるヒルトン東京も出品してくれ、サイトがパッと盛り上がり、まずまずの額で売れたのです。

ツインやダブルといった通常の部屋の予約サイトを始めたのは、挨拶回りで出かけたホテル担当者の言葉がきっかけです。「30階建てのホテルだとすれば、スイートルームはほんのワンフロアーに過ぎない。本当に売りたいのは残りの29階を占める普通の部屋だ」。さらには「我々はブランドが命だ」という言葉にもピンとくるものがありました。「トップページのブランド化ができたら戦える」という、かつて抱いた構想に相通じるものがあったからです。付加価値の高い部屋を集めれば、予約サイトでも十分やっていける、とこの時確信しました。

――そしてハイグレードの宿泊施設の部屋だけに特化する現在の一休.comが形づくられたというわけですね。

ビジネス面でのブレイクスルーといえば、ホテルオークラが参加してくれたのが大きかったと思います。2000年5月、ホテルオークラ、ハイアットリージェンシー東京、ヒルトン東京、パシフィックホテル品川、ホテルインターコンチネンタル・東京ベイの、計5ホテルの参加を得て、高級ホテル・旅館の予約サイト「一休.com」をスタートさせました。

現在では加盟ホテル・旅館の数は約1300施設（※2011年5月12日時点）になります。ホテルオークラに参加していただくために、ひたすら日参しました。オークラさんに加入すると言ってもらえた時には本当に嬉しかったですね。ベンチャーキャピタルからも「オークラさんが参加するなら1億円投資しましょう」と言っていただき、資金を調達することができたのです。

弊社はその1億円を元手に本格的に事業構築をしたわけですが、2000年5月の創業から7カ月後の2001年2月には単月黒字を達成しました。以来、今日に至るまで単月で赤字になったことはありません。

厳選したレストランの予約サイト「一休.comレストラン」や「モノ」ではなく「コト」を贈る体験型のギフトサイト「一休.comギフト」（現「贈る一休」）を立ち上げるなど、新しい事業に取り組み、おかげさまでスタートしてから業績は常に右肩上がりで、勝手に売上が伸びていったという感じです。

リスクと夢を知った上でのスタートアップを

――そうしたご経験から、スタートアップ志望者へのアドバイスをいただけますか？

私が仮にベンチャーキャピタルの投資担当者で、ベンチャーが成功するか否かを見分けるとしたら、ものすごい技術を持っているか、あるいは当人の目の輝き、やる気があるかを見るより手段がありません。あとは正直、時の運＝タイミングだと思います。弊社もタイミングに恵まれたのだと思います。

ですから起業志望者は成功を左右するのは自分ではどうにもならない要因もあると考えて、借金をしないこと、資金繰りで首が回らなくなる前に、変に頑張らないで自己破産してしまうなど、ダメだと思ったらさっさと「降参」と手を上げるべきだと思います。

日本経済新聞のインタビューで、日本電産の永守重信社長が、ご自分と同時期に事業を始めた七人のうち三人が自殺、二人が行方不明になっていると答えています。これもまた、ベンチャービジネスの一面です。ベンチャー志望者はそれを知った上でやることが必要でしょう。私としては、「若者よ、他人の金（出資）で起業せよ」と言いたいですね（笑）。私自身、銀行からの借入は実は一度もしていません。

その上で、私のフィールドであるネットビジネスに関していうと、学生のような気軽なノリで起業することも意外と重要なことのように思います。失敗経験も何もないまっさらな白紙の頭で挑戦すること、そして若者の特権である自由な明るさというのは、何もかも知りすぎて「あれもダメ、これもダメ」と捉えてしまう大人よりも成功の可能性は大きいと思います。恐れを知らない向こう見ずさや金持ちになりたいという夢、自分のアイデアが世の中に通用するか見てみたいという純粋な思いこそ、若者の強みです。eBayもfacebookもそうした学生が始めたものですしね。

ただどんなベンチャーもそうですが、前述のスロットマシーンの比喩のように、「7」がすべて揃ってできるスタートアップはないように思います。完璧な準備はなくともまず一歩を踏み出すことも大事なのではないでしょうか。

――そうした挑戦者を受け入れるためにも、社会はどう変わるべきでしょう？

まずは先ほど言ったように、起業者が無理と思ったら「降参」と手を上げられる環境をつくることでしょう。アメリカでは何度失敗しても「その経験を買おう」という人が出てきます。でも日本では一度失敗するとダメ人間と決定的な烙印を押されてしまいますからね。

起業してある程度成功した後の考え方の変化も必要だと思います。たとえば事業をM&Aで売却するのは決して恥じゃないという意識が根付くことが必要だと思います。アメリカでも確かにホームランは株式上場（IPO）でしょうが、事業に付加価値をつけて売却すること（M

&A）は立派な三塁打であり、凄いことだと評価されます。売却した後は、その経験を活かして、より面白い新たな事業をつくろうとチャレンジする人が多いから、アメリカの起業活動は活発なのです。

そんなふうに考える人が増えれば、日本の起業も大きく変わると思いますね。

徹底した「ユーザー目線」で〝サービスの流通創造〟に挑む

株式会社ベネフィット・ワン
代表取締役社長　白石徳生さん

20代、パソナ在籍中に社内ベンチャー第一号として事業立ち上げ

――まずは御社の事業内容からお話しください。

〝サービスの流通創造〟をテーマに、現在5つの事業を行っていますが、創業時からのメイン事業は福利厚生のアウトソーシング事業です。それまで日本では、企業が社員に福利厚生を提供する場合、保養所にしても独身寮にしても、すべて自前で保有するスタイルが主流だったのですが、それを当社にすべてアウトソーシングする、つまり資産を持たない形の福利厚生サービスを提供しています。

具体的には、従業員一人当たり月々350～1000円の会費を導入企業にお支払いいただくことで、全国1300施設の宿泊施設等のほか、レジャー、エンターテインメント、育児・介護、研修など当社が提携している6000以上のサービスメニューを会員優待価格で利用することができます。ちなみに保養所を各企業ご自身で保有すると、稼働率の低さゆえ平均1泊2～3万円のコストがかかります。それほどのコストをかけるなら、こうしたアウトソーシングサービスを利用した方が企業は大幅にコスト削減でき、かつ従業員にとっても幅広いサービスの中から利用したいサービスを選択できるメリットが大きいのではないか、それがこの事業のコンセプトです。

――事業の立ち上げは白石社長がパソナ在籍中のことでしたね？

パソナ在籍中の1995年に、社内ベンチャー制度に応募し、1位を受賞して立ち上げた社内ベンチャー第一号です。実は私はパソナに入社する以前から20代のうちに事業を立ち上げて独立しようと考えていました。コンテストは私が28歳で、「そろそろだな」と思っていた時でしたから、チャンスと思い応募しました。ただ会社をつくるからにはスケールが大きく、社会的に意義のある事業にしたいという前提がありました。実家はネクタイ製造業を営んでいて、本来なら自分が継がなくてはならない立場でしたが、それを否定して別の事業を立ち上げるわけですから、やる以上は大きい事業にしたかったのです。

ビジネスモデル プレイヤーを束ねる

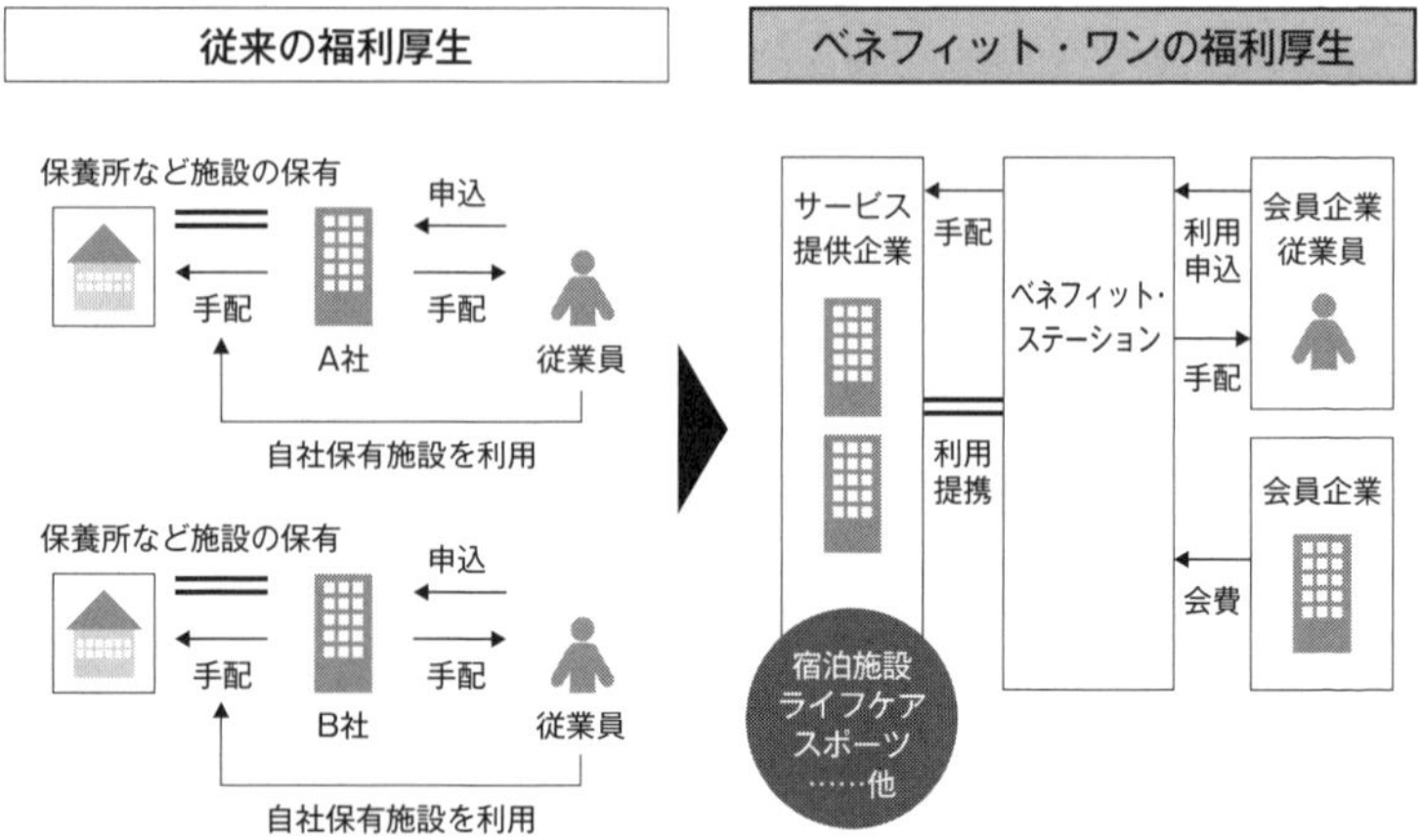

マーケットアウトの視点 福利厚生施設を束ねることで、会員企業従業員へ充実したサービスを提供

◆福利厚生施設を保有・維持することは企業のコストとなる

◆従業員が利用すればするほど、手続き業務等のコストが増加

◆従業員は所属企業が持つ限られたサービスの中から選ばなければならず、選択肢が少ない

◆会員企業を束ねることで、スケールメリットが発生し、通常1社だけでは提供できない優待特典を従業員に提供することができ、会員企業は福利厚生に関する費用負担を軽減できる

◆手続き業務を代行することにより、会員企業の負担を軽減

◆会員企業の従業員は所属する企業規模に関係なく、充実したサービスの中から好きなサービスを利用できる

株式会社 ベネフィット・ワン

〈企業概要〉

・所在地　東京都渋谷区

・事業内容

企業や官公庁の福利厚生業務の運営代行サービス。サービスを利用する会員と優待サービスを提供する企業の〝サービスマッチング〟を行う。福利厚生事業を基盤に、CRM事業・インセンティブ事業・ヘルスケア事業・BTM事業の5事業を柱に展開

・資本金　1,516百万円

※2011年3月末日現在

・従業員数　812名

※2011年4月1日現在

〈業績〉（2011年3月期）

売上高　14,690百万円

営業利益　2,267百万円

経常利益　2,342百万円

総会員数　549万人

〈企業理念〉

「良いものを　より安く　より便利に」
～誰もに喜ばれるサービスを、低コスト、かつワンストップオペレーションで提供する～

〈沿革〉

1996年3月

パソナグループの社内ベンチャー第1号としてパソナと三菱商事の出資で株式会社ビジネス・コープを設立

1998年4月

初の大手企業との受注契約が成立し、その後、大手企業から受注が急増。24カ月以内に黒字化できなければ撤退という社内ルールの期限ちょうどで黒字化を達成

2001年

社名を株式会社ベネフィット・ワンに変更

2004年

JASDAQ市場に株式上場

2006年

東証第二部に上場

〈代表者〉

代表取締役社長　白石　徳生

1967年東京生まれ。1990年、拓殖大学政経学部卒業後、株式会社パソナジャパン（現・フジスタッフ）入社。1996年社内ベンチャー第一号「株式会社ビジネス・コープ」（現・ベネフィット・ワン）を設立、取締役に就任。2000年、代表取締役社長に就任 。

――その中でインターネットを使った事業を選ばれた理由とは?

95年というのは、インターネットブームの真っ只中でした。ですから元々インターネットを使った事業をしようというのが出発点でした。その中で私が何をしようとしたかというと、〝サービスのマッチング〟、つまり〝インターネットを使ったサービスの流通業〟をしようと思ったのです。なぜかというと、実に単純な話ですが、モノの世界では流通業はすでに成熟産業で、百貨店からスーパー、アウトレットやEコマースなど、様々な流通が存在します。

しかし、サービスの世界では流通はほとんど存在していません。例外としては旅行業くらいでしょうね。ところが旅行以外のありとあらゆるサービス業は、メーカー的立場の企業が販売までを一貫して行っている〝製販一体型〟なのです。私が目を付けたのは、世の中が成熟する過程の中で、サービス業の製販分離が必ず起こるという点でした。だとしたらビジネスとしてはものすごいポテンシャルを持っている。そこで、〝サービスの流通創造〟に挑戦しようと考えました。

ベンチャー成功のコツは「人の心を動かすこと」

――事業を立ち上げるにあたって一番苦労なさった点はどこでしょう?

いや、本当の苦労はむしろこれからだと思っています。現在総会員数が約５００万人になりましたが、目指しているものを１００％だとしたらまだ10％ぐらいのステージですから。〝サービスの流通創造〟には、利用者がより良いサービスを選べるよう、サービスを目利きする機能、つまり〝サービスの格付け〟が不可欠です。しかし、すべてのサービスを格付けしていこうと思ったら、現在のベネフィット・ワンの従業員約８００人の規模では相当時間がかかってしまい、10倍の規模になったとしても5年や10年では到底完成できないでしょう。実はビジネスではこのことが大事で、簡単には完成できないからこそ、工夫を凝らし、企業は発展し長続きするのです。だから敢えて難しい〝サービスの流通創造〟というテーマを選んだともいえますね。

ただ最初の難関は何だったかというと、やはり黒字転換だったと思います。我々のビジネスはもともと24カ月で黒字転換できなければ撤退するというルールのもとで起業しています。これがパソナの社内ベンチャー制度のルールでした。私はジャスト24カ月で黒字転換できましたが、やはりこれが最初の難関だったと思いますね。

ベンチャーが俗に「千三つ」といわれるのは、だいたいのベンチャーがこの立ち上がり2年間でダメになるからだと思います。これはリアルに経験したからよくわかります。新規事業というのは決して甘くありません。

――その2年の壁を突破するために白石社長はどういうことをされたのですか？

これは常識でないことをするしかないと思いますね。わかりやすくいうと、人の心を動かすしかないと思います。社会というのは人間が動かしているもので、その人間は、7割は理性でなく感情で動くのだと思います。

具体的に申し上げましょう。設立当初、我々が営業に行ってサービス説明をすると、必ず言われたのが「サービスはいいね。でも採用している会社はないよね」ということでした。その次にくるのが「でもどこか上場企業が採用したら、当社でも使わせてもらおうか」と。

これは理性ですよね。お客様はリスクを背負ってまで、我々の1社目のクライアントになる必要はないわけですから。こちらとしてはその理性を突き破らなければならない。そのためには理性を超えて感情に訴えかけ「なんとかしてやろうじゃないか」という気持ちを相手に起こさせることしかないわけです。それで我々が何をしたかというと、その頃ある大手企業の福利厚生のアウトソーシングの案件がありまして、すごくベタな方法ですが、私ともう1名の営業マンで1日5～6回訪問しました。実はこの時先行していたライバル会社があって、サービスのスペックだけを見ると10人が10人「ライバル会社の方がいい」と言われる状態でした。

――それでどうして受注できたのでしょう？

未来をプレゼンしたのです。今だから言えますが、その時のサービスの規模で比較されると絶対にライバル会社に負けてしまいます。だから今のサービスについてのプレゼンは一切せずに、今のサービスを来年には3～5倍にします、と熱くプレゼンテーションしました。もちろん1年後には本当に実現しましたよ。我々の思いが通じたのか、そのプレゼンで受注に至り、そのおかげで、当社はギリギリのところで黒字転換することができました。この受注がきっかけで、「あの企業がやるなら当社でもやろう」と、その後の営業活動がとてもしやすくなりましたね。

福利厚生の分野では様々な商売設計が可能

――インターネットによるサービスマッチングの企業は何社かありますね。それらと御社の違いとはいったいどこにあるのでしょうか？

確かに当社以外にも類似企業は何社かあります。そうした企業と当社がどう違うかというと、ビジネスの収益構造が根本的に異なります。つまり当社以外の企業は〝広告収入型〟のビジネスであり、一方当社は企業から会費をいただく〝ユーザー課金型〟のビジネスなのです。当社以外のサービスマッチング企業は、その99％以上が前者、すなわちサービスを提供する企業サイドから手数料をもらうビジネスモデルだと思います。

私たちはこの〝ユーザー課金型〟すなわち消費者サイドから収入を得るということにこだわ

っています。なぜかというと、サービスの流通をよく考えると、その役割はサービスの比較検討をする情報提供の機能だと思っているからです。これをしっかり行った企業こそがサービスの流通という分野を押さえるだろうと。でもそう考えると、〝広告収入型〟には無理があります。お金をもらっている企業のサービスを悪く言うことはできませんから。そう考えると、〝ユーザー課金型〟しかありえないと思ったのです。ではどういった分野ならユーザー課金ができるだろうか？　それが、福利厚生の分野だったというわけです。

日本には福利厚生という制度があって、日本全体で考えれば莫大な予算が眠っています。実際、いろいろな企業がこの分野に注目していて、様々な商品やサービスを提供しています。これを専門用語で〝職域販売〟といいますが、この分野で最も売れている商品は何かご存じでしょうか？

実は住宅ローンなのです。大手企業の社員や公務員なら、住宅ローンは人事部に申し込みます。人事部は福利厚生の一環としてローンの利息を安くするわけです。つまり福利厚生とは、従業員から見ると、金利が安くなったり、ホテルが安くなったりという「第二の給料＝その会社にいる特典（ベネフィット）」であり、その特典を提供する企業側から見てみると、極めて合理的に自社の商品やサービスを売ることができる「販売チャネル」というわけなのです。そしてこの分野なら、会員とサービス提供企業、そしてプラットフォームを提供する当社の三者すべてに有意義なビジネスモデルが構築できると思いました。福利厚生のアウトソーシングビジネスは事業の目的ではありません。それにより構築したシステムによって、ユーザー課金型（会員制）のサービスマッチングのマーケットをつくることができたのです。

サービスの分野をマーケットアウト、比較検討をさせてあげたい

――新たなビジネスプレイスを創造したこともそうですが、サービスの比較検討とは消費者を考えたすばらしいマーケットアウト発想のように思います。

以前はサービスの比較検討はなかなか難しいことだったと思います。モノでしたらパソコンでもテレビでもなんでも手にとって、比較検討してから、これがいいと確信して買うことができます。モノはいくらでも比較することができます。

ところがサービスは比較検討のインフラがないことに人々が慣れすぎていて、実はすごく不便をしていたのです。それどころかサービスは、たとえば引越し一つとってもそのサービスを買った後でさえ、その選択が正しかったのかどうかの検証ができません。これはエステも歯医者も英会話教室も、ほとんどのサービスがそうでしょう。当社が今あるのは、その消費者の不便さを少しでもなくすよう、徹底して消費者視点のビジネスを構築してきたからかもしれません。

私はすべての事業を常にユーザー目線で見るようにしています。ベネフィット・ワンの会員

の視線から見てどうかという立ち位置は、絶対に崩しません。今回の取材の監修をされている田口弘社長の「マーケットアウト」という言葉が顧客起点、すなわちモノもサービスも顧客の立場から考えようというものならば、「マーケットアウト」は当社では憲法と言ってもいいと思います。

なぜなら当社は事業を立ち上げる際に「ユーザー課金」、すなわちお金を、サービスを提供するサプライヤーサイドではなく消費者サイドからいただくからこそ、消費者の目線に立った、消費者のためのサービスを提供することができ、それにこだわってこの15年間続けてきたわけですから。このマーケットアウトの発想は、絶対に守らなければならないことだと思います。

――最後にこの不況で「スタートアップ」を躊躇している読者に一言お願いできますか？

私の基本的な考え方として、事業は壁や困難があるからこそチャンスだと思っています。壁や困難がなければ、誰かが先にやっているはずだからです。

壁はあって当たり前。超えられない壁もありますが、穴を掘るか、梯子《はしご》をかけるか、あるいはずっと迂回《うかい》さえすれば、ほとんどの壁なんていつかは途切れるものです。だから起業に景気は、まったくというほど関係ありません。

よく日本はアメリカに比べて起業に不利だ、チャンスがないと言われますが、私に言わせれば誤解です。なぜなら、日本には起業のチャンスが少ないからこそ、ライバルも少ないのではないでしょうか？　もしアメリカのようにみんなが盛んに起業するとすれば、まわりはライバルばかり、競争だってものすごく熾烈《しれつ》ですよ（笑）。

メリットとデメリットは常に表裏一体だと思います。メリットだけ、デメリットだけということは絶対にありません。景気が良ければみんなが同じ市場に参入してくるというデメリットもある、景気が悪ければお財布の紐が固いといったデメリットもあるが、デフレになって色々な面で有利なことも出てくる。

このメリットもデメリットも表裏一体ということは、起業そのものも同じですね。私は社内ベンチャー出身ですが、実は社内ベンチャーの成功率は決して高くはありません。社内ベンチャーなら人的ネットワークからブランディングまでゼロから始めるよりずっと有利であるはずなのに、です。

その理由も実は表裏一体で、社内にいて有利であるがゆえに、ビジネスに甘えが生じるからだと思います。この1点があるだけで、すべてのメリットを打ち消すデメリットが発生する。そう有利ということに心の隙間＝油断が生まれるから、結果的に不利になってしまうのです。そういう意味では、この不況に起業する人材こそ、次の成功者になる可能性が高いといえるのかもしれませんね。

あとがきにかえて

さて、これが私、田口の監修のもと（株）エムアウト事業開発グループがまとめた「マーケットアウト」の発想であり、起業の新しいインフラ「スタートアップファクトリー」の全貌である。どのような感想をお持ちになっただろうか。

ご存じの方も多いかも知れないが、私は本書にもしばしば登場する金型部品商社・ミスミの経営者であった。その私が常日頃から抱いていた「マーケットアウト」という発想をもっと世の中に広げようと思ったのは、ミスミの社長から退いた65歳の時のこと。ミスミとはまったく別のところで心機一転、マーケットアウトビジネスにトライしようと思ったのである。

マーケットアウト・ビジネスに関する情報やビジネスモデル転換の手法を収集・蓄積し始めたが、その活動を通じて思い至ることがあった。

マーケットアウトの発想は巨大な可能性を秘めており、今後の日本経済の中心となる産業はこの発想のもと誕生する企業がリードすると確信しているものの、当然、私一人でできることには限界がある。だとしたらこの発想を広め、我々が蓄積したノウハウを公開すれば、日本のベンチャービジネスは活性化し、ひいては日本経済回復の一助になるのではということであった。そのために２００２年９月に設立したのが、本書をまとめた事業開発グループの諸君が所属する（株）エムアウトである。

エムアウトとは「マーケットアウト」をそのまま社名にした企業である。その名の通り、様々なスタッフの英知を集め、マーケットアウト・ビジネスを「スタートアップファクトリー」のビジネスモデルで創造するためのものである。社員の諸君は私が主張する「不安定の中の安定」という厳しいコンペティション状態のもと、日夜ニュービジネスの創造に励んでいる。ちなみに「不安定の中の安定」とは激しい競争という不安定な状態にあればこそ自らも成長でき、その成長があればこそ、組織も安定するという意味である。

このエムアウトでの起業には二つの方法が用意されている。

一つの方法はエムアウトに入社してもらい、社員としてスタートアップにチャレンジしてもらう方法であり、もう一つは個人や法人が我々とのコラボレーションのもと、新事業を創造するという方法である。どちらもフェーズごとに豊富な経験をもったプロジェクトリーダーがチームを組織し、様々な専門能力を持ったスタッフからのブラッシュアップを受けつつ起業を図ることに違いはまったくない。

「我こそは」と思われる個人や新規事業創出に悩まれる法人の方々、ビジネスプランはあるものの所属する企業を離れることは出来ないなどの事情がある方、あるいは専門スタッフとして起業に立ち会い、事業創造のダイナミズムを味わってみたいという方々も、「エムアウト」で検索の上、ぜひアプローチしていただきたい。マーケットアウト・ビジネスの創造には、優れたアイデアとともに、まだまだ優れた人材が足りないからである。

さて創業してまだ10期にも満たない若い企業ではあるものの、スタートアップファクトリーの中で、すでに多くの企業が誕生し、２０１１年4月段階では、三つの企業と二つのプロジェクトが進行している。その中から先に挙げた二つの方法でスタートアップした企業を紹介しよう。

まずは当社に入社した人材が起業させたキッズベースキャンプである。

これは当時社員だった島根太郎氏が日常の経験の中からスタートアップのシーズを発見し、それが事業として結実したものだ。

子どもの教育に心を砕いていた島根氏は、２００5年、俗に言う「小１（小学校1年生）の壁」という現象に突き当たった。共働きの家庭においては、子どもが小学校に通い始めるのをきっかけに母親がそれまでの勤めを辞めなくてはならなくなったり、勤務形態を変更しなければならない事態になることが多い。保育園の場合は延長保育があり急な残業があっても対応してもらえるが、小学生の学童保育は午後5時もしくは6時まで。それゆえ発生する現象である。こうした自らの経験をどうにかしたいと思った島根氏は、同年の夏、放課後に小学生を預かるアフタースクール事業を立案したのである。

「消費者起点」そのものとも言えるこのビジネスは、既存の学童保育に飽き足らない父兄から大いに歓迎されることとなった。キッズベースキャンプでは放課後をただ安全に過ごすだけでなく、学校や自宅までのバスでの送迎や様々な習い事を体験できるなど、クロスファンクショナルに高い付加価値を提供していたからである。

こうしたマーケットアウト企業を消費者すなわち父兄が見逃すことはなかった。キッズベースキャンプは東京都の世田谷区桜新町で第一号店をスタートさせた事業であったが、わが子をここに通わせるべく東急田園都市線に移転する父兄が続出することとなった。これに沿線価値の向上を目指していた東京急行電鉄㈱が着目することとなり、同社と弊社との間で2009年12月にM&Aが成立するに至った。

現在、キッズベースキャンプは東京急行電鉄㈱の100%子会社として15店舗を営業、2008年には「第4回ハイ・サービス日本300選」、2010年には「キッズデザイン賞」を受賞するなどもあり、順調に業績を伸ばしているようである。

もう一つは弊社が行ったマーケットアウトプランコンテストに応募、百十数件の応募プランの中から2位になったのをきっかけに誕生したメディパスである。

メディパスは高齢者に訪問診療を行う歯科クリニックをサポートする企業であり、この企業の創業メンバーの一人であり歯科医師の三幣利克《みぬさとしかつ》氏は、勤務医だったころから高齢者の口腔ケアに携わっておられたという人物だ。

口の中を清潔に保ったり呑み込む力を鍛えたりする口腔ケアは、高齢者の健康を保つため、我々素人が思っている以上に非常に大切なものであるという。ところが健康上の理由などにより、歯科クリニックに通えない高齢者は決して少なくない。一方で歯科医師側も高齢者への訪問診療の重要性を感じながらも、歯科には小規模なクリニックが多く、十分な訪問体制が組めないというジレンマを抱える。三幣氏はこうした現状のもとで訪問に特化した歯科診療サービス普及の仕組み作りの必要性を痛感、弊社のコンテストに応募されることとなった。

本書でも指摘されているように、医療はマーケットアウト発想の力が大きく生きる分野である。なぜなら医療業界とはマネジメントの思想がまったくと言っていいほど働いていない分野であり、それればかりかドクターアウトともいうべき状態さえもが散見される典型的なプロダクトアウト・ビジネスであるからである。

本書での主張通り、医療というプロダクトアウトビジネスにマーケットアウト思想を持ち込んだメディパスは、エムアウトグループの1社として着実に業績を伸ばしている。2011年4月現在、首都圏を中心に9クリニックと連携して約80の高齢者施設と契約、1カ月に3施設のペースで訪問施設を増やしている。利用者は1600人を超え、最終的には全国でのネットワークづくりを目標としている。

ニュービジネスのシーズを探したい、あるいはなにかいい起業の方法はないかと模索され、その途中で本書に出会われたであろう読者を対象に、弊社がその役に立てることを2社の実例を出すことで説明させてもらったが、エムアウトでは設立当初より、国内外の成功ベンチャーの分析・研究を、弊社のメイン業務として行っていることも紹介させていただこう。

これは起業を科学的に検証することにより、成功したビジネスモデルのポイントをつかみ、それを組み合わせることで新しいビジネスモデルを開発したり、どういう業界に応用することができるかを研究するものである。

またベンチャー業界そのものの発展のためには、失敗事例の収集と、そのデータベース化も欠かせないことだろう。こうしたデータベースが完成すれば、ビジネスアイデアが成功するか不成功に終わるかを、高い確率で知ることができるからだ。ちなみにこれは今まで各自が多額の金と膨大な労力をかけ、身を削ってみるよりほかに、知りようがなかったことである。

こうした分析と研究は着々と進行しており、成功事例・失敗事例とも膨大な量のデータが蓄積されつつある。２０１１年の2月には新規事業・起業のためのコミュニティサイト「Ｂｉｚｎａ」(http://bizna.jp)をオープンした。エムアウトがこれまでに蓄積したデータを活用していただきながら、起業を目指す人同士や支援する人達がアイデアについて議論、事業プランのブラッシュアップを進め、しっかりした商売設計を構築するサポートができる場にしたいと考えている。多くの人の参加と情報の集積でより価値のある場となることを願っている。

私はこうした研究や取り組みのもと、エムアウト発の世界を驚かせるマーケットアウトビジネスの誕生も、そう遠くないことと確信している。

ミスミの創業者の一人であり株主でもあった私は、１９９４年の上場により幾分かの財産を得ることができた。その時実感したのが、お金を有効に使うことがいかに難しいかであった。

この認識は実は今も変わっていない。ただこの年齢になって確信していることがある。それはお金とはそれを有効に使うところにこそ集まるということだ。お金とは活かして使うことができると、さらに大きくなって返ってくるものなのである。

東証一部上場企業の代表となる経営者は、実は大変幸運な人物である。その人の考え方、ものの見方、体力気力から始まって、時代の趨勢や時の運、事業そのもののタイミングなど、様々な事情が揃って始めてそうなれるというのが偽らざる実感である。

だとすれば今後は、エムアウトでの事業を通じ一つでも多く社会に役立つ企業を創造することが、たまたま幸運に恵まれた私の使命だと思っている。

また本書で紹介したマーケットアウト思想のもと、弊社のようなスタートアップビジネスのプラットフォームが数多く誕生することも多いに期待したい。どんなビジネスであったとしても一社で独占することなどは不可能であり、企業同士が切磋琢磨してこそ日本のベンチャーは大いに活性化すると思うからだ。

弊社からであれ、あるいは競合他社からであれ、マーケットアウト発想のもとニュービジネスが沸き起こり、先の大震災からの復興と、日本経済再生の一助となれることを願ってやまない。

株式会社エムアウト　代表取締役社長　田口　弘

主要参考文献

・財団法人ベンチャーエンタープライズセンター「２０１０年 ベンチャーキャピタル等投資動向調査の結果」
・財団法人ベンチャーエンタープライズセンター「２０１０年　ベンチャービジネスの回顧と展望」
・総務省統計局『総合統計データ月報』
・総務省統計局『労働力調査』
・Ernst & Young “Q1 '11 Global IPO update”
・Global Entrepreneurship Monitor “2010 Global Report”
・IMF “World Economic Outlook”（２０１１年４月版）
・National Venture Capital Association “Venture Impact”
・National Venture Capital Association “Venture Backed Exits Q1 2011”
・日本銀行ホームページ（http://www.boj.or.jp/）
・ＢＢＩＱモーニングビジネススクール（http://bbiq-mbs.jp/blog/post_163.php）
・National Venture Capital Associationホームページ（http://www.nvca.org/）
・Renaissance Capitalホームページ（http://www.renaissancecapital.com/ipohome/marketwatch.aspx）

監修者紹介

田口 弘（たぐち ひろし）

金型部品やFA部品の専門商社ミスミ創業後，顧客起点でビジネスの全てを発想する「マーケットアウト」のコンセプトの下に，「購買代理店」「持たざる経営」など独自のビジネスシステムや新規事業を次々に打ち出し，同社を年商550億円，東証一部上場企業へと育て上げた．現在は株式会社エムアウト代表取締役社長．著書に『隠すな！』（日本経済新聞社），『日本で最高のサラリーを稼ぐ男たちの仕事術』（三笠書房）がある．

著者紹介

株式会社エムアウト　事業開発グループ

2002年に田口弘により創業．「マーケットアウト」をコンセプトとした，既存ビジネスにはない圧倒的な付加価値を持つ新規事業を創出することで，社会・文化の発展に貢献することを企業理念とする．「スタートアップファクトリー」という，事業の起業プロセスに特化し，各分野のプロフェッショナルが組織的に起業を行うビジネスモデルを運営．事業開発グループではベンチャー企業や起業プロセスの科学的分析に基づき，新規事業開発のノウハウや仕組みの構築，およびそれを活かした新規事業コンセプトづくりを行っている．

本書の取材・執筆スタッフ：中島宏史／野田花子／千田はるか／吉永峰男／宇野健人／能登徳子／福島成典／榛澤慎太郎／吉ヶ澤篤史

起業革命

2011年８月11日　発行

監修者　田口　弘

著者　㈱エムアウト 事業開発グループ

発行者　柴生田晴四

〒103-8345

発行所　東京都中央区日本橋本石町１-２-１　東洋経済新報社

電話　東洋経済コールセンター03(5605)7021

印刷・製本　藤原印刷

Printed in Japan　ISBN 978-4-492-50223-5　http://www.toyokeizai.net/